NOTICE

SUR LE

COLLÉGE DU TRÉSORIER

PARIS. — IMPRIMERIE DE CH. LAHURE ET Cie
Rues de Fleurus, 9, et de l'Ouest, 21

NOTICE

SUR LE

COLLÉGE DU TRÉSORIER

PAR

M. LE MARQUIS DE BELBEUF

SÉNATEUR

PREMIER PRÉSIDENT HONORAIRE DE LA COUR IMPÉRIALE DE LYON

OFFICIER DE LA LÉGION D'HONNEUR

PARIS

IMPRIMERIE DE CH. LAHURE ET Cie

RUES DE FLEURUS, 9, ET DE L'OUEST, 21

1861

Les amateurs des antiquités de l'ancienne Normandie m'ont souvent félicité d'avoir donné au public l'histoire des grands Panetiers de cette province.

En continuant mes recherches dans le chartrier de Belbeuf, j'ai trouvé des titres très-authentiques concernant le collége du Trésorier, rue de la Harpe, à Paris, dont les écoliers devaient être originaires du pays de Caux.

Les bâtiments de ce collége, qui subsistaient encore en partie, viennent d'être rasés, pour donner passage au boulevard de Sébastopol; c'est très-probablement la dernière fois qu'il sera question du collége du Trésorier.

NOTICE

SUR

LE COLLÉGE DU TRÉSORIER.

Un grand nombre de monuments anciens de la ville de Paris disparaissent et sont remplacés par de vastes places publiques, de longues et larges rues et par de magnifiques boulevards. Il ne reste plus aujourd'hui de la célèbre rue de la Harpe qu'un tronçon de peu d'étendue, vers la Seine.

Le collége du Trésorier, situé dans cette rue et fondé, en 1268, par Jean-Guillaume de Saânne, grand trésorier de l'église cathédrale de Rouen, a cessé d'exister depuis quelques jours. En parcourant le boulevard de Sébastopol, rive gauche, nous ne l'avons plus retrouvé. Nous croyons utile de communiquer au public quelques documents sur cet ancien collége, uniquement destiné par son fondateur à la jeunesse studieuse du pays de

Caux, pour former des élèves propres au sacerdoce. Les documents concernant ce collége sont presque tous tirés de nos archives, et de la plus grande authenticité.

Il convient d'abord de faire connaître Guillaume de Saânne. Plusieurs auteurs ont écrit *Saône*, confondant sans doute cette grande et paisible rivière avec le très-petit fleuve nommé Saânne, qui se jette dans la mer près de Dieppe.

Guillaume de Saânne tirait son nom du village de Saânne, dont il était seigneur.

Pommeraie, dans son *Histoire de la cathédrale de Rouen*, page 266, s'occupe de Guillaume de Saânne: « La première des fondations qui nous est connue est celle de Guillaume de Saânne, trésorier de l'église de Rouen, lequel, comme il le dit dans la charte de fondation (Appendice A), voulant contribuer selon son possible en faveur et pour le service de l'Église universelle des biens qu'il avoit pleu à Dieu luy donner, et désirant faire quelque chose pour l'avancement des pauvres étudiants, ordonna que les revenus mentionnéz dans l'acte de sa fondation fussent employéz pour douze escoliers qui demeureroient en une même maison et étudieroient en théologie, et pour autres douze qui étudieroient aux arts, lesquels escoliers seroient choisis par les deux archidiacres du grand et petit Caux ou bien par M. l'archevêque en cas que l'on ne pût s'adresser auxdits archidiacres, lorsqu'il faudra faire choix ou pourvoir aux dites bourses; que ces étudiants seroient du grand et petit Caux ou que, s'il ne s'en trouvoit point de capables ou propres pour être envoyéz à ces études, on les prendroit du reste du diocèse de Rouen; que pour ceux qui étudieroient en théologie on feroit choix de personnes qui se seroient comportéez honnestement et qui auroient été de bonne vie et de mœurs irréprochables pendant qu'ils étudioient aux arts, ce qu'il demandoit également pour les uns et pour les autres. Entendant au surplus que, dans le choix qui se feroit des escoliers pour estre substituéz à la place de ceux qui auroient fini leurs études, ou auroient obtenu quelque bénéfice suffisant pour les entretenir, les électeurs n'eussent aucun égard *à la chair et au sang*, *mais au mérite* et aux conditions énoncéez au commencement de la charte.

« Que pour l'exécution de ces lettres, il donnoit par donation entre vifs une maison qu'il avoit achetée à Paris, d'un Guillaume, dit le Fruictier, PROCHE LA HARPE, paroisse Saint-Séverin.

« L'acte en fut passé l'an 1268 (Appendice A) dans lequel sont spécifiéz, par le menu, les revenus qu'il attribue à cette fondation qui subsiste encore aujourd'huy sous le nom de collége du Trésorier. Il y a eu quelque changement pour les bourses, car étant de fort petits revenus dans la fondation, on a été obligé avec le temps d'en unir plusieurs ensemble, pour donner moyen aux étudiants de subsister plus honnestement. *Jean de Rouen*, proviseur de ce collége, composa les six vers suivants, l'an 1605.

Guillelmus Sana, Mariani pervigil Argus
Thesauri, in templo principe rothomagi.
Sexaginta novem ante annos et mille ducentos,
Collegium hoc, proprio condidit ære, suum
Quod gerit, haud gentis sanæ, quæ clara caleto est,
Sed Thesaurari, nomen ab officio.... ».

Pommeraie, page 350, parle de nouveau de Guillaume de Saânne.

« Il s'est rendu considérable à la postérité par les fondations qu'il a faites et dont nous avons parlé. Sa famille venoit du pays de Caux, la petite rivière de Saânne ayant donné le nom au bourg dont ses parents étoient seigneurs. C'est en l'an 1255 qu'il est fait mention de luy pour la première fois, et la dernière en 1278. »

D'autres bienfaiteurs s'associèrent par la suite à la belle et utile fondation de Guillaume de Saânne. Nous en trouvons la liste imprimée à la fin d'un compte rendu concernant le collége du Trésorier, portant la date de 1781 (Appendice O, fin) et très-curieux à consulter.

On ne trouve, dans cette liste si nombreuse

des anciens bienfaiteurs du collége, ni les noms de du Boscgouet, de Despines, ou de la Heuse, anciens seigneurs du fief de la Poterie-au-Busc; cependant ces derniers furent incontestablement bienfaiteurs de notre collége.

Nous franchissons plus de quatre-vingts ans pour arriver à l'année 1348. A cette époque le fief de la Poterie-au-Busc, que nous verrons plus loin donner à son possesseur le droit de présenter à l'une des bourses du collége du Trésorier, fut vendu par « Monsieur noble homme du Boscgouet, chevalier, sire du Boscgouet, et par Jehan du Boscgouet, écuyer, son fils aîné. »

Il fut acheté « par honorable homme[1] et *discret* Guillaume Despines. » (Appendice B.)

Les termes de cet acte *sont généraux*, ne précisent rien, le fief de la Poterie-au-Busc y est vendu avec *toutes ses appartenances et dépendances*. On ne parle pas du droit de présentation d'un boursier au collége du Trésorier; tout porte cependant à penser que ce privilége singulier, peut-être alors unique en son genre, n'aurait pas été omis, s'il eût été à cette époque l'un des nobles apanages du fief dont il s'agit.

Guillaume Despines, clerc, achetait-il pour son compte ou n'agissait-il que pour le seigneur de

1. Le titre d'*honorable homme* n'était pas en Normandie un titre de noblesse, mais un titre de bourgeoisie.

la Heuse? Une complète incertitude règne sur ce point. Il est prouvé que vingt années après, en août 1369, *Jean de la Heuse, fils de Jean* de la Heuse, dit le Baudran de la Heuse, chevalier, qui plus tard se portera garant de son fils, sans doute mineur à cette époque, faisait enlever DANS LA VILLE DE BEUSEVILLE, près Bellencombre, les récoltes appartenant au collége du Trésorier, « pour cause de certain droit, rentes ou devoir, que demandoient lesdits chevaliers, à cause de la terre Dubust. » Victor le Sueur et Raoul le Duc avaient opéré cet enlèvement sans avertissement préalable.

Les proviseurs et écoliers du collége du Trésorier s'adressèrent alors directement au roi, qui les prit sous sa protection et en sa sauvegarde, dans un acte du 17 février 1370.

Il en était toujours ainsi : nos rois se déclaraient protecteurs de l'université de Paris et commettaient le prévôt de cette ville pour juger ses procès et différends.

En effet, Hugues Aubriot, garde de la prévôté de Paris, se déclare, dans un acte du 7 de juin 1372, « commissaire et gardien donné et deputé de par le roy, nostre sire, aux maistres et escoliers de l'université de Paris. »

Hugues Aubriot tient une place importante dans l'histoire de la capitale. On lui attribue la construction du pont Saint-Michel, du petit pont de pierre et du petit Châtelet, pour tenir en bride les écoliers de l'université de Paris, jeunesse très-nombreuse alors et fort indisciplinée. Quoique sa charge lui imposât le devoir de protéger les droits et priviléges de l'université, il prenait des précautions pour se prémunir contre les emportements de ces tapageurs.

En 1369, il faisait construire la fameuse Bastille pour servir de forteresse et de défense à la ville de Paris, contre l'*Anglois*; forteresse dont nous avons connu de nos jours les héros, pour l'avoir, sans beaucoup de danger, renversée de fond en comble, au commencement de la grande révolution française.

Le pauvre Aubriot ne se doutait pas alors qu'il serait un des premiers à l'*étrenner*. On l'y renferma plus tard comme accusé par le clergé, des crimes *d'impiété et d'hérésie*. Les Maillotins, devenus les maîtres, brisèrent les portes des prisons en 1381, délivrèrent Hugues Aubriot et le mirent immédiatement à leur tête. Cet homme, mûri par l'expérience, refusa un honneur aussi dangereux, quitta les Maillotins le soir même, et se retira en Bourgogne, sa patrie, où il mourut peu de temps après.

Hugues Aubriot, saisi par le roi du jugement des différends qui s'étaient élevés entre le collége du Trésorier et le seigneur de la Heuse, prononça, le 17 juin 1372, siégeant au Châtelet de Paris, une sentence en présence « de Guillaume Lommoy, procureur des maistres et escoliers du collége du Trésorier, et de Guillaume le Métayer, substitut de Pierre le Bourgeois, procureur de messire Jehan de la Heuse, l'aisné, dit le Baudran, chevalier, garant en cette partie de messire Jehan le Baudran le jeune, chevalier, par laquelle il ordonne que la nouvelleté que lesdits maistres et escoliers disent avoir été faicte en leur préjudice, en laoust dernier passé et un an, de la despouille de certaines terres à eux appartenant, séant *en la ville de Beuseville*, au baillage de Longueville, dont ils sont *dollus* contre ledit messire Jehan le Baudran. »

« Les grains levés seront *restablis* ou la valeur. » (Appendice C.)

Dans le cours de l'instance les parties se rapprochèrent et consentirent une transaction. (Appendice D.)

Les seigneurs de la Heuse déclarent qu'ils y sont engagés pour « leur bonne affection, que eulx ont tousjours eu aux escoliers de leur pays, et pour garder le droit desdits chevaliers et leurs droits partout, et aussi celui des escoliers; que lesdits chevaliers, ou leurs heritiers et ayants cause, pourront présenter aux archidiacres du grand et du petit Caux, *un escolier bon et souffisant*, sans augmentation du nombre desdits escoliers, qu'il soit né desdits archidiaconés, et ledit présenté, sera receu en l'hostel desdits escoliers. »

Les chevaliers s'engagent à payer cinquante sous tournois de rente *bien assise* et, de plus, vingt livres une fois payées.

C'est encore Hugues Aubriot qui autorise cette transaction. La paix est faite entre le collége du Trésorier et MM. de la Heuse, HOMMES PUISSANS, comme le déclare la sauvegarde du roi de 1370. Nous voyons, en effet, à cette époque, un Jehan de la Heuse, dit le Baudran, Amiral de France, commis en 1369 pour visiter les « bonnes villes fermées, chasteaux et forteresses des bailliages d'Amiens, de Rouen, de Gisors et de Caux; » et, en 1371 et 1372, jouir d'une rente de mille livres à vie sur les vicomtés de Rouen et de Montivillier. »

Quels sont les membres de la maison de la Heuse qui figurent dans cette transaction? On y mentionne un Jehan de la Heuse, dit le Baudran aisné, chevalier, garant de messire Jehan de la Heuse, son fils. Est-il question ici de *l'Amiral de France?*

Si nous consultons l'histoire des *Grands Officiers de la Couronne*, par le père Anselme, nous trouvons que Jean de la Heuse, dit le Baudran, dont il parle comme Amiral de France, *mourut sans enfans*, et cependant, dans l'acte très-authentique du 21 juin 1374, nous voyons un Jean de la Heuse, dit le Baudran, se porter garant de Jean de la Heuse, son fils.

On trouve ensuite, dans le même auteur, un Jean de la Heuse, dit aussi le Baudran, mais il est indiqué comme fils de Robert de la Heuse, seigneur des Ventes et de Bellencombre; puis un autre Jean de la Heuse, fils de Jean, second fils de *Robert de la Heuse*, que l'on dit mort en Hongrie.

En présence d'actes authentiques comme ceux que nous produisons, tout nous porte à penser *que Jean de la Heuse*, *dit le Baudran*, *garant de son fils*, est bien l'Amiral de France; on hésite cependant toujours à trouver une erreur dans l'histoire des *Grands Officiers de la Couronne*, ouvrage très-exact en général et le plus sûr à consulter.

En quoi consistait la fondation de la maison de la Heuse ou de ceux qui, avant cette famille, possédèrent le fief de la Poterie-au-Busc? Un extrait authentique des archives de la Heuse nous l'apprendra. Ce document porte la date de l'an 1467 : « De mon dict sieur ou de ses prédecesseurs a cause dudict fief de la Poterie estoit tenu ung ténement, contenant 35 acres ou environ, que tient a présent Jehan le Roux, lequel ténement les prédecesseurs de mon dict sieur *donnèrent antiennement* aulx estudians, boursiers et escolliers du colliège du Trésorier de Rouen, fondé à Paris, à la rue de la Harpe, avec certayne grand somme de deniers, parce que au dict colliège auroit ung escollier aulx bourses et aultres droictures du dict *colliège* comme l'ung des aultres boursiers et escolliers dudict colliège, et pour ce mondict sieur, ayant les droicts dessus dicts, y a voullu mettre, *puis la réduction*, maistre Jacques Doublet, qui par les dicts *escolliers a esté refusé*, disant le nombre des boursiers et escolliers, qui doyvent estre ains colliège, estre fourny; par quoy *sest sours procez entre eulx* qui a esté conduict ès assises de Longueville, et finablement fut appointé *que le premier lieu vuide et vacquant* au dict colliège seroit remply d'ung escollier a la dévotion de mondict sieur, lequel mondict sieur y a depuis naguerres mis et présenté maistre Roger Gasprès, au lieu de deffunct maistre Alain Ollyvier, naguerres allé de vie à trépas, et desormais en advant y aura tousjours ung boursier par mondict sieur : ainsy tout ce est porté par lettres d'apointement passéz devant Pierre Vincent et Raoul Ellyes, tabellions a Rouen, le vingct sixieme jour de febvrier mil quatre cents soixante quatre. »

La mauvaise administration des biens composant la fortune du collége du Trésorier, les dilapidations de ses administrateurs, plaçant le collége dans une position financière très-fâcheuse, il fallut recourir à des moyens violents. On décida la réduction du nombre des écoliers. On voulut faire porter cette réduction sur le boursier du seigneur de la Poterie-au-Busc. Ce fut alors qu'en 1464 « Jehan de la Heuse, chevalier, sieur dudit lieu de la Heuse, de Bailleul et baron d'Escotignies, » fit saisir les revenus du collége du Trésorier situés à Beuseville, Louvetot, Beaumont-le-Hareng et la Poterie-au-Busc. Bientôt intervint une transaction entre les parties : Jean de la Heuse donna sa procuration au nommé Jean Deguerres (Appendice E), homme beaucoup plus pacifique que son nom, pour terminer le procès qui s'était engagé d'abord au siége d'Arques et ensuite aux assises de Longueville.

Les parties s'entendent, Deguerres signe, le 11 février 1464, une transaction qui termine le procès. (Appendice F).

Le seigneur de la Heuse est maintenu dans son droit de présenter un boursier au collége du Trésorier.

Jamais, *depuis cette époque jusqu'en* 1789, il n'y eut refus opposé aux présentations des seigneurs de la Poterie-au-Busc, quand le cas échéait.

Lors de la transaction du 11 février 1464, le collége du Trésorier avait aliéné la ferme de trente-cinq acres de terres donnés par les seigneurs de la Poterie-au-Busc, terres excellentes en plein pays de Caux. L'acte est du 17 novembre 1453. La fieffe est faite à un nommé Jean le

Roux, moyennant *sept livres tournois de rente* par an, somme qui pouvait être de quelque importance à cette époque, mais devenue, depuis la dépréciation du signe monétaire, une véritable dérision.

Nous arrivons ainsi à la fin du seizième siècle. Il ne restait plus alors au collége que des rentes déjà fort amoindries, et la directe seigneuriale dans le fief de Beuseville. Nous voyons dans les lettres d'amortissement du mois de novembre 1269, obtenues par Guillaume de Saânne du roi saint Louis, une année seulement après l'acte de fondation de 1268, comme l'indique le président Rolland dans son mémoire (Appendice O), que les biens du collége consistaient en dix-sept livres tournois de revenu, en cours, hommes et services, à Ogerville, le Busc, et Beaumont; tout fait supposer que ces biens provenaient de Guillaume de Saânne, la seigneurie de Beuseville s'étendant dans ces divers lieux, seigneurie qu'il ne faut pas confondre avec le fief particulier de la Poterie-au-Busc, appartenant aux seigneurs de la Heuse. Nos archives fourmillent d'aveux rendus à la seigneurie de Beuseville par les vassaux du collége du Trésorier dans les quinzième et seizième siècles, ils se ressemblent tous quant à la forme; nos lecteurs ne seront pas fâchés d'en connaître un (il est du 8 février 1478), ainsi qu'une transaction de 1374. (Appendices G et H.)

En 1599, le collége du Trésorier louait tout ce qu'il possédait à Beuseville, à Guillaume Harnois, curé de ce lieu; le bail portait: « Pardevant Abraham Theroulde et Nicolas Ferment, tabellions royaulx a Rouen, fut présent *noble et scientifique personne* maistre Jean de Roüen, docteur es arts en luniversité de Paris, et second boursier théologal du collège du Trésorier *et soi disant avoir esté envoyé et député pour faire les affaires dudict collège en Normandie*, lequel sieur de Roüen[1] audict nom, et promettant faire ratifier tout le contenu des présentes à ses dicts confrères dudict collège, sy besoing est, et qu'ils auront pour agréable, de son bon gré confesse avoir baillé, a titre de ferme et louage, pour le temps et espace de neuf ans, commenceant du jour et feste de sainct Michel dernier passé et finissant a semblable terme, a discrette personne maistre Guillaume Harnoys, prestre, curé de l'eglise de

1. Jean de Rouen fonda une chaire en Sorbonne; on a vu plus haut des vers de sa façon. Le Maire, dans son ouvrage : *Paris ancien et moderne*, le qualifie de *grand homme*.

Son épitaphe, dans l'église des Cordeliers, à Paris, était ainsi conçue :

Hic jacet
Venerabilis vir magister
Joannes de Rouen, rothomagensis,
Singulari pietate, eximiâ doctrinâ
Et accuratâ linguarum peritiâ,
Dùm vixit, conspicuus, obiit pridiè
Non. Novemb. 1615.

(Le Maire, t. Ier, p. 479, et t. II, p. 471.)

Beuzeville la Guiffart, en la vicomté de Rouen, présent et acceptant, *tout le revenu entièrement* qui deppend du noble fief et sieurie dudict lieu de Beuzeville, Orgeville, *le Busc*, Louvetot et Beaumont-le-Hareng et générallement tout ce qui deppend a cause de la dicte sieurie de Beuzeville, en tout, en aultant qu'il en appartient aux dicts sieurs du collège du Trésorier, sans aucune chose destourner ny retenir en quelque sorte ou manière que ce soit, moyennant la somme de dix escus sols, deux tiers d'escu, dix chappons, le tout de ferme par chacune des dicts neuf années. »

L'université de Paris brillait encore, à la fin du seizième siècle d'un grand éclat, que les guerres de religion avaient cependant déjà fort affaibli; sa puissance ne pouvait donc se comparer à ce qu'elle avait été dans le siècle précédent. A cette époque le nombre des écoliers qui venaient y puiser la science de toutes les parties de la France était si grand, que Juvénal des Ursins atteste qu'en une procession qui se fit en 1409 par le corps de l'université, de Sainte-Geneviève à Saint-Denis, les premiers étaient déjà arrivés, lorsque le recteur était encore *devant les Mathurins*.

Nous venons de voir qu'en l'année 1599, le collége du Trésorier avait loué au curé de Beuseville toutes les rentes et droits seigneuriaux de leur fief. Bientôt ils aliénèrent le fief lui-même.

Il fut acheté par Arthus Ygou, sieur de Beaumont, en novembre 1601.

Nous croyons devoir faire connaître ce personnage, très-important à Rouen à cette époque.

Sa famille était fort ancienne dans la bourgeoisie. Nous avons trouvé dans nos archives des actes passés en 1498 devant Robert Ygou, tabellion à Rouen.

Arthus Ygou acheta une charge de secrétaire du roi, donnant la noblesse, et devint maître des comptes à Rouen.

Il acheta l'office *de garde hérédital du scel aux obligations et contrats du tabellionage* de la ville et vicomté de Rouen, acquis précédemment, à titre d'engagement seulement, par Jean Lambert, du roi Henri III, en 1586.

Son nom se trouvait pour cette cause en tête de tous les contrats, passés chez les tabellions de la ville de Rouen.

Propriétaire d'une maison près de l'église de Saint-Vincent, dont il devint trésorier, il louait en 1600 une partie de la maison à un sieur *Corneille*. Peut-être s'agit-il ici d'un des aïeux du grand Corneille, qui demeuraient dans ce quartier[1]. Fidèle à Henri IV, sa maison de Rouen fut pillée par les ligueurs.

1. On trouve dans un des registres d'Arthus Ygou, en date de 1586, la mention suivante :

« De maistre Pierre Corneille, commis au greffe criminel de la

Il était contrôleur de l'artillerie dans la province de Normandie. Nous possédons un registre curieux de tout ce qu'il avait fourni de poudre, de boulets, de canons au roi, pour reconquérir son royaume.

Il percevait les droits d'entrée et de sortie établis sur les marchandises dans la ville de Rouen et dans les autres villes de la province; il comptait des recettes avec d'Aljacette et le célèbre Sébastien Zamet, l'ami d'Henri IV, le *Rothschild* de cette époque. (Appendice I.)

Nous possédons trente registres in-folio écrits de sa main, contenant toutes les recettes et dépenses de son administration pour la perception de ces impôts ; plus, un gros registre où il énumère toutes ses richesses et toutes ses acquisitions.

Devenu vieux, il se retira complétement des affaires, réalisant son immense fortune, et ce fut alors qu'il acheta des terres dans le pays de Caux.

La duchesse de Longueville lui vendait, en 1593, les droits seigneuriaux qu'elle possédait à Louvetot. Il obtenait son consentement pour l'érection d'un quart de fief noble en ce lieu,

cour de Parlement de Rouen et à la recette particulière du parisi des épices en iceluy, la somme de dix-sept cent trente-deux écus sols, provenant dudit parisi des épices, depuis le 2e jour d'août 1584, jour de l'établissement d'iceluy en ladite cour, jusqu'au dernier jour de décembre 1585. »

relevant du duché de Longueville, et le roi en accordait immédiatement l'érection comme quart de fief.

Il achetait de Messieurs du chapitre de Rouen le plein fief de Haubert de Beaumont-le-Hareng, près de Louvetot, appartenant au collége des Clémentins dans la cathédrale de Rouen, et, depuis cette époque, il se faisait appeler *le sieur de Beaumont*. Le nom roturier d'Ygou disparaissait. Voilà donc en France un Beaumont de plus. Il se rendait acquéreur de la seigneurie de Bractuit et du fief de Beuseville, entrelacé dans ses nouvelles seigneuries. Il s'exprime ainsi dans son registre sur cette acquisition :

« Des proviseurs et boursiers du collége du Trésorier, fondé en la rue de la Harpe, à Paris, le fief, terre et seigneurie de Beuseville la Guiffard que jai acquis d'eux, pour le prix de trois cents trente trois escus, par devant Belot et de Saint Vuast, notaires royaux au Chatelet de Paris, le huictieme jour de novembre 1601, en vertu de la permission et consentement quils ont eu de messieurs les archidiacres du grand et du petit Caux, la dicte vente signée de leur seing, le quatorziesme jour du dict mois et an. »

A partir de ce jour, le collége du Trésorier *ne posséda plus rien dans ce pays* et le souvenir même de son ancienne possession s'effaça totalement, ainsi que nous le verrons par la suite.

Arthus Ygou opéra une véritable révolution dans toute la contrée ; achetant à tout prix les propriétés à sa convenance, il payait comptant à des seigneurs ruinés par les guerres civiles leurs anciennes terres et leurs antiques fiefs. Les simples habitants eux-mêmes, toujours si attachés, surtout à cette époque, à leur patrimoine, ne résistaient pas aux offres d'Arthus Ygou.

Nous terminerons la nomenclature des acquisitions faites par ce nouvel enrichi, par celle du fief de la Poterie-au-Busc, lui conférant le droit de présenter un écolier au collége du Trésorier, rue de la Harpe.

La maison de la Heuse, célèbre et puissante, paraît s'être éteinte au commencement du seizième siècle ; le fief de la Poterie-au-Busc passa dans une autre famille. Nous le trouvons en l'an 1600 dans les mains de « nobles personnes, Pierre Doulley et Charlotte Duquesnoy, sa femme, dame de la Heuse, de Montreuil, des Authieux (il doit être ici question des Authieux, près Bellencombre), de Beaumont-le-Hareng, et *de la Poterie-au-Busc.*

Ils vendent les fiefs de Beaumont et de la Poterie-au-Busc, le premier de ces deux fiefs, qu'il ne faut pas confondre avec celui aliéné par le collége des Clémentins, *donnant le droict de présenter à la cure du bénéfice du dict Beaumont*, et *le second de présenter un boursier ou escolier etudiant au collége du Trésorier, fondé en la rue de la Harpe, à Paris : le prix en est fixé à la somme de huit cent quatre-vingt-douze escus vingt-six sols, pour lesdicts deux fiefs, leurs appartenances et dépendances.*

Arthus Ygou s'engage à payer la plus forte partie de son prix « *pour estre par luy convertie et emploïée en païement des frais et advantces quil leur convient supporter pour parvenir à la promotion et advancement de Pierre et Charlotte Doulley, leurs filz et fille, en l'esglise, ou ils sont prestz de leur rendre : à sçavoir ledict filz pour estre relligieux en l'abbaye de Fescamp et ladicte fille pour estre relligieuse au couvent et monastère des Cordellières au Neufchastel.* » Voici toujours deux enfants dont on se débarrasse avec l'argent de cette terre.

Deux aînés restent encore; ceux-là ont embrassé la carrière des armes. L'acquéreur est chargé de payer une partie de son prix pour se libérer de ce dont ils sont redevables envers plusieurs personnes, « pour Antoyne et Jacques Doulley, leur premier et second fils, pour achat d'armes et de chevaux pour eulx *acheminer* sous la charge et conduicte du sieur comte de Challigny, en l'armée de Hongrie, dressée contre le Turc, *où ils* sont à présent, et autres menus frais.» Ils revinrent plus tard sains et saufs en France.

Un marché curieux est passé le 8 novembre 1600, devant le garde du scel des obligations *de la vicomté et haute justice de Bracthuit*, entre le seigneur de la Poterie-au-Busc et Richard Dubosc, marchand, demeurant à la Heuse.

Celui-ci, pour faire recevoir demoiselle Charlotte Doulley religieuse au couvent des filles cordelières *au Neufchastel*, s'engage vis-à-vis de ses père et mère « à fournir *tant robes, cottes, manteaux, que linge*, fournir une chambre garnye de lict, fourny et aultres meubles ; *faire deux banquets tant au provincial, relligieuses et aulx parens et amis de la dicte fille*, l'un à son entrée en relligion, et l'aultre à la profession, *après son dict an de probation*, payer au dict provincial lors de la dicte réception en relligion de la dicte fille et pour sa profession après son dict an de probation, tous et chascun les deniers qui luy conviendra, *payer mesme aux relligieuses estant au nombre de onze*, à chascune deulx escus, tant pour la réception de la dicte fille en relligion que pour sa dicte profession après le dict an de probation. » (Appendice K.)

Le prix stipulé avec Dubosc est de deux cent quarante-deux écus vingt-six sous tournois.

Cette somme est remboursée à Dubosc, le 15 novembre 1600, en présence des mêmes notaires, par Arthus Ygou, à valoir sur le prix par lui dû, à raison de son acquisition du fief de la Poterie-au-Busc.

Le dernier jour de novembre, même année, Ygou paye *deulx cents cinquante escus sols tournois à Jehan Le Febvre, dict Roger, laboureur, demeurant en la paroisse d'Ardouval, pour cause de semblable somme prestée pour avoir armes, bagaiges et chevaux, pour bailler à Antoyne et Jacques Doulley, escuiers, pour aller en larmée de Hongrie dressée contre le Turc, où ils sont à présent sous la conduicte du sieur comte de Challigny*. (Appendice J.)

C'est ainsi que la noblesse française dévorait son capital pour s'équiper et se soutenir à l'armée.

Arthus Ygou, catholique fervent, marguillier de sa paroisse, mourut vers 1622. Il avait contracté avec le trésor de l'église de Saint-Vincent de Rouen « une obligation de *sept vingt dix livres deux tiers de rente foncière pour qu'il fût dit à son intention une basse messe par chaque jour à perpetuité et un obit une fois l'an, qui se doivent dire à mon intention en icelle eglise.* »

Il reçut la sépulture dans cette même église de Saint-Vincent.

Arthus Ygou ne laissa qu'une fille, héritière de ses grands biens, qui épousa, vers 1578,

Jean Godart, seigneur de Saint-Aubin la Campagne et depuis, de Belbeuf, maître des comptes à Rouen, lors de l'établissement de la chambre en 1580.

A partir de 1601, l'histoire de la bourse du collége du Trésorier, dépendant de la Poterie-au-Busc, présente peu d'intérêt. Nous allons cependant mentionner quelques présentations faites par les possesseurs de ce fief. Le 7 octobre 1603, trois ans après son acquisition, Arthus Ygou présentait, comme candidat à la bourse vacante, Constantin Vachot. Le 16 janvier 1615, nouvelle présentation. En voici les termes :

« A messieurs les archidiacres des archidiacries du grand et petit Caux, fondé en leglise cathedrale de Notre Dame de Rouen aux chacuns ou a lun deux, Artus Ygou, sieur de Beaumont, seigneur de la Poterie-au-Busc, etc., l'une des *six bourses* du collége du Trésorier en luniversité de Paris, accoutumée estre tenue par un escolier actuellement étudiant en la dicte université, originaire du pays de Caux, *ou pour le moins*, du diocèse de Rouen, que soulloit ci devant tenir maistre Constantin Vachot, immédiat possesseur dicelle à présent vacante par laccomplissement et expiration du temps porté par les statuts et ordonnances de la fondation des dictes bourses, comme il nous apparoit par les dicts statuts et declarations, de laquelle bourse, lors que vacation y échèra, la nomination et présentation dune personne capable du dict pays de Caux, ou tout le moins du dict diocèse de Rouen, nous appartient à cause de nostre terre et sieurie de la Poterie-au-Busc, au droit et comme représentant les sieurs et dames de la Heuse, et à vous, messieurs, la réception dicelle comme appartenant la collation, provision et tous autres dispositions, à cause de vos *respectueuses* dignités darchidiacres, nous vous nommons et présentons maistre Nicolas Ducouldray, prestre du dict diocèse de Rouen, comme capable et suffisant, vous suppliant le dict Ducouldray luy conférer et luy delivrer la dicte collation, en témoin de quoy nous avons signé les présentes et à icelle apposé le cachet de nos armes, ce vendredy, seizieme jour de janvier 1615. »

« YGOU. »

Le 14 avril 1635, Arthus Godart, conseiller d'état, maire perpétuel de Rouen, lieutenant général du bailliage de la même ville, seigneur du Becquet, de Beaumont, Louvetot, Beuseville et de *la Poterie-au-Busc*, présentait Jean-Alexandre le Jeune, et les archidiacres du grand et petit Caux lui conféraient l'institution nécessaire. (Appendice L.)

Le 18 mai 1657, Jacques Godart, seigneur

de Belbeuf, présentait Jean le Verdier et s'exprimait ainsi :

« Nous, Jacques Godart, écuier, sieur de Belbeuf, *du Busc-la-Poterie* (ce lieu est un simple hameau aujourd'hui, entre Louvetot et Beaumont-le-Hareng, et n'est plus connu que sous le nom *du Buc*) et autres lieux, conseiller du roy en sa cour de Parlement de Normandie, désirant favoriser et gratifier maistre Jean le Verdier, étudiant au collége du Trésorier, fondé en l'université de Paris, et usant du pouvoir à nous appartenant, avons nommé et présenté iceluy le Verdier au droit de grande bourse fondée audict collége, que nous avons le droit de pourvoir comme seigneur dudict fief *du Busc-la-Poterie*, sis en la paroisse de Beaumont-le-Hareng, du grand et petit Caux, doyenné de Cailly, consentant et voulant que ledict le Verdier, vertu dudict pouvoir, s'y fasse pourvoir et recevoir ainsi qu'il avisera bien estre. »

L'année suivante, Jacques de Belbeuf rendait aveu au duc de Longueville, son suzerain, du fief de la Poterie-au-Busc et de celui de Louvetot, érigé au commencement du siècle, en faveur d'Arthus Ygou, son aïeul maternel.

« A très haut, très puissant et très illustre

prince et seigneur monseigneur Henry d'Orléans, duc de Longueville et d'Estouteville, seigneur souverain de Neufchastel et Vallengin en Suisse, comte de Dunois et de Tancarville, baron d'Auffy, Manhouville, Partenay et Monstier-en-Bellay, grand chambellan et grand connestable héréditał de Normandie, gouverneur et lieutenant général pour le roy en ladicte province :

« Je, Jacques Godart, escuier, sieur de Belbeuf, de Beaumont, Louvetot, Beuzeville, *la Poterie-au-Busc*, conseiller du roy en son parlement de Rouen, tiens et advoue à tenir de mondict seigneur en foy et hommage, à cause de sondict duché de Longueville, les fiefs nobles cy apres déclarés : c'est à sçavoir ledict fief noble de Louvetot sur Bellencombre, tenu de mondict seigneur par *ung quart de fief* de Haubert, qui est assis en ladicte paroisse de Louvetot et ès environs, auquel fief y a chefmois, manoir ainsy basty quil est, droicture de colombier à pied, domaine fieffé et non fieffé, lequel consiste tant en plain bois de fustaye et bouquets, masures, jardinaiges....

« *Item.* Je tiens et advoue à tenir de mondict seigneur, à cause de sondict duché de Longueville, ung autre fief de Haubert, qui est ung demy fief noble, nommé le *fief de la Poterie-au-Busc*, assis en la paroisse de Beaumont-le-Hareng, et lequel s'estent tant en icelle paroisse qu'à Louvetot, Bellencombre, Beuzeville, les Authieux et

Saint-Martin-de-Bellencombre et lès environs, auquel demy fief y a chefmois et manoir avec droicture de collombier, avec domayne fieffé et non fieffé....

« *Et sy à cause dudict fief jay droict de présentation dun escollier boursier au collège des Trésoriers fondé à la rue de la Harpe, à Paris*, et droict de chapelle fondée de Saint-Vincent, assise sur ledict fief de la Poterie, qui est à present démollye et ruinée....

En 1693, Pierre Godart, chevalier, seigneur et patron de Belbeuf et de la Poterie-au-Busc, présentait maître Daniel Preudhomme, diacre du diocèse de Rouen, à la place d'Étienne Noël, démissionnaire, et les archidiacres consacraient cette présentation. (Appendice M.)

En 1712, de grandes réparations étant à faire au collége du Trésorier et la caisse du collége se trouvant à sec, le conseil d'administration résolut de ne pas nommer aux bourses vacantes pendant un certain temps. A cette époque, Jean le Comte, titulaire de la bourse de la Poterie-au-Busc, ayant donné sa démission, on pria M. de Belbeuf de ne pas présenter de candidat pour le remplacer. M. de Belbeuf y consentit. (Voir Appendice N.)

Cette bourse resta vacante jusqu'en 1717. M. de Belbeuf y nomma le sieur Baudoin.

Le 26 février 1743, « Nicolas-Charles-Léonard Oury, prestre licentié en théologie de la Faculté de Paris, pourvu d'une grande bourse au collége des Trésoriers, fondé en l'université de Paris, *rue Neuve de Richelieu*, dans lequel ledit sieur Oury est demeurant, paroisse Saint-Séverin, lequel se démet par ces présentes purement et simplement de ladite grande bourse entre les mains de madame la marquise de Belbeuf, au nom et comme gardienne noble de messieurs ses enfans, et en cette qualité ayant la présentation de ladite bourse. » Le boursier de la Poterie-au-Busc avait fini par ne pas avoir d'autre nom que celui de boursier de Belbeuf. (Appendice O, fin.)

Nous arrivons ainsi à l'année 1763. La plupart des petits colléges fondés à Paris dans le pays latin par de pieux fondateurs ne pouvaient plus remplir le but de leur institution. De ce nombre était le collége du Trésorier, dont les ressources étaient presque totalement épuisées. Il fallait y pourvoir dans l'intérêt des études et de la bonne administration de l'université. Des lettres patentes du roi réunirent au collége de Louis le Grand un grand nombre de colléges.

Le fait de l'état de pénurie où se trouvait réduit le collége du Trésorier se trouve confirmé par les auteurs qui ont écrit l'histoire de l'université de Paris. Poncelin, avocat au parlement, auteur d'une *Histoire de la ville de Paris*, disait en parlant du collége du Trésorier : « Cette maison a éprouvé le même sort que la plupart de celles qui appartiennent à l'université. La médiocrité de ses revenus primitifs et la *dissipation* des administrateurs *ont causé* sa ruine. On a été obligé de diminuer successivement le nombre des bourses. Quand Dubreuil écrivait, elles étaient réduites A SIX, à chacune desquelles on payait *dix sous par semaine*. Il y en avait encore huit au moment de la réunion; depuis cette époque, on y a établi six nouvelles bourses, et ses revenus, qui ne montaient alors qu'à huit mille sept cent soixante-deux livres, ont été portés par le bureau d'administration à la somme d'environ douze mille livres. On ne trouve plus dans ce treizième siècle, parmi les colléges privés d'exercice, que ceux du Trésorier et des Cholets, le premier situé *rue de Richelieu, au quartier Saint-André des Arts, en l'entrée de la place de Sorbonne*. Le fondateur y établit *le gouvernement républicain;* l'ancien des boursiers théologiens était le seul chef que la maison reconnût, et l'autorité de celui-ci était si bornée que les statuts lui défendent expressément de rien décider d'important sans l'avis de ses confrères ; l'archevêque de Rouen est supérieur immédiat et protecteur de ce collége. Les archidiacres du grand et petit Caux y exercent aussi quelque autorité et nomment alternativement à toutes les bourses ; *le marquis de Belbeuf* jouit depuis un temps immémorial, ET SANS QU'ON SACHE L'ORIGINE DU PRIVILÉGE, du droit de présenter pour une grande bourse à ces deux archidiacres. »

On voit que le souvenir de la fondation des seigneurs de la Heuse et de la vente de la seigneurie de la Poterie-au-Busc au sieur Ygou, s'était entièrement effacé dans ce collége, et qu'il n'en restait plus de traces dans ses archives.

Jaillot, dans ses *Recherches sur Paris* [1], s'explique en peu de mots sur le collége du Trésorier. Après avoir parlé du fondateur et du nombre primitif des boursiers, il ajoute : « Je ne parle ni des statuts faits pour ce collége en 1280 (voir l'*Histoire de Paris*, par Félibien), ni de l'arrêté de règlement du 17 août 1679. Il n'y avait plus que quatre grands boursiers et quatre petits dans ce collége lorsqu'il fut réuni et incorporé à celui de l'université en exécution des lettres patentes du 21 novembre 1763. Il y a quelques-uns de nos historiens qui nomment ce

1. Jaillot. *Recherches sur Paris*. Quartier Saint-André des Arts, pages 121 et 122.

collége *des Trésoriers*; il est vrai que Duboulai et l'université même, dans un décret du 5 mars 1678, l'appellent *Collegium quæstorum quod vulgo Thesaurariorum nuncupatur*, et qu'on lit le collége des Trésoriers dans l'inscription, qui est placée sur la porte; *mais c'est par erreur:* fondé par le seul trésorier de l'église de Rouen, il doit être appelé DU TRÉSORIER. »

La réunion du collége du Trésorier en 1763, avec beaucoup d'autres, au collége Louis-le-Grand, le fit entrer sous la direction du bureau de l'université, dit *bureau d'administration*, dont, en 1783, était président, à cause de sa charge de grand aumônier de France, le cardinal prince de Rohan.

M. Rolland, président des requêtes au Parlement, faisait partie de ce bureau.

Ne trouvant pas dans les archives du collége du Trésorier de renseignements sur le droit de présentation d'un écolier par la famille de Belbeuf, il faisait écrire à M. del' Averdy, ancien Contrôleur général des finances, Conseiller d'honneur au Parlement de Paris, et qui avait été membre de l'administration du bureau de l'université, beau-père de M. de Belbeuf, alors Avocat général et Procureur général, en survivance de son père, une lettre curieuse. (Appendice P.)

Qui aurait pu prévoir en 1783 qu'un jour

l'ancien contrôleur général des finances, del' Averdy, et le président Rolland, porteraient tous deux leurs têtes sur l'échafaud révolutionnaire?

Quel triste et fatal retour des choses humaines pour ces éminents magistrats, comblés alors d'honneurs et de biens!

Ici s'arrête cette notice. Le collége du Trésorier fut entraîné comme l'université elle-même dans le grand cataclysme de la révolution française.

La ville de Paris vient, pour la continuation dans le pays latin du boulevard de Sébastopol, de démolir les antiques constructions du collége du Trésorier; il n'en existe plus de traces. A la place de cet édifice, consacré pendant des siècles à des études sérieuses et paisibles, règnent aujourd'hui le bruit et le mouvement continuels d'une des plus grandes voies de communication de la capitale, traversant de part en part la ville de Paris, et portant le nom glorieux de Sébastopol.

Ce que nous venons d'écrire sur le collége du Trésorier sera sans doute le dernier souvenir d'une fondation qui avait occupé autrefois une place importante dans le sein de la grande et célèbre université de Paris, cette fille aînée des rois de France, comme on l'appelait alors.

APPENDICE A.

Omnibus hæc visuris Guilielmus de Saana, Ecclesiæ Rothomagensis Thesaurarius, salutem in Domino.

Noveritis quod cum ego et acquisissem, tam in civitate Rothomagensi quam extra, possessiones et reditus usque ad summam sexies viginti librarum et decem et septem solidorum et quinque denariorum turonensium, quorum fit expressa mentio in litteris confirmationis Domini Regis in pios usus et utilitates pauperum convertendos : Ego, valens corpore et mentis compos, volens de bonis mihi a Deo collatis ac acquisitis aliqua universalis Ecclesiæ usibus et commoditatibus pauperum applicare, et maxime in iis quæ directe videntur respicere commodum animarum : de prædictis bonis taliter ordino ac dispono etiam donatione inter vivos. Videlicet quod duodecim scolares theologi, si tot bonorum facultas et temporis esse permiserit, maneant simul in domo una Parisius vel alibi, ubi solemne studium esse contigerit, habeant quilibet tres solidos parisienses per ebdomadam, per ebdomadas quadraginta quinque, termino incipiente in festo sancti Dionysii vel circa. Item, quod alii duodecim artistæ parvi, si aliquando esse possunt, habeant de prædictis reditibus viginti quinque libras turonenses tam pro domo, quam pro pane cum beneficio theologorum prædictorum. Volo etiam et ordino, quod prædicti scolares omnes eligantur, cum opus fuerit, ab archidiaconis duobus majoris Caleti et minoris Caleti cathedraliæ Ecclesiæ Rothomagensis, qui pro tempore fuerint interveniente, si videbitur assensu domini Rothomagensis archiepiscopi, si tunc inveniri dicti archidiaconi non possint, cum electiq aut provisio erit fienda de quodam bursario, quodque dicti scolares sint tam de majori Caleto, quam de minori, si in istis duobus Caletis sufficientes et idoneos inveniant, vel, si non inveniantur in istis duobus Caletis, saltem de tota diœcesi Rothomagensi sint, et tales eligantur quantum ad theologos qui rexerint probabiliter in artibus quibusdam et studuerint et quantum ad utrosque, qui sint quantum ad mores conversationiæ laudabiliæ et honestæ. Item volo et ordino, quod si prædicti theologi vel aliqui per sex annos theologiam audierint vel beneficium aliquod sufficiens fuerint assecuti, quod et tunc alii idonei et sufficientes eligantur per eosdem electores et substituantur eisdem, sub modis et conditionibus antedictis, omni contradictione et affectione carnali cessantibus, nisi aliquis illorum in tanta prerogativa scientiæ emineat, quod possit in scolis alicujus magistri theologiæ publicas legere lectiones et ex tunc dimittatur ibidem si voluerit, donec ad cathedram valeat ascendere magistralem. Residuum autem prædictorum reddituum et domuum, quam habeo Rothomagi in ponte Humfredi soluto censu domus dictorum theologorum do et lego priori Beatæ Magdalenæ, pro colligendis et assignandis dictis scolaribus redditus, antedictos, pro suis et suorum laboribus et depensis. Volo etiam et ordino quod de prædictis Theologis duo consimiliter eligendi remaneant tempore vacationis, scilicet per septem ebdomadas, ad custodiam domus ac in ea contentorum. Ad opus autem prædictorum theologorum do donatione inter vivos domum, quam emi Parisius, a Guilielmo dicto Fructuario, juxta Harpam in parochia Sancti Severini. Do etiam ipsis, et ad opus omnium et singulorum, totum corpus theologiæ, videlicet biblias simplices et sufficientes. Item libros glossatos omnes et quosdam duplicatos, cum postillis et lecturis sufficientibus et quibusdam summis moralibus, cum sermonibus diversarum compilationum. Item volumina plura sententiarum cum summis et scriptis pluribus et quæstionibus. Item originalia plura et multa alia scripta, quorum omnium nomina in quadam littera sigillo meo sigillata continentur : et prædicti theologi manebunt simul propter commoditatem librorum et propter collationes invicem faciendas , et propter alia multa. Item parvi artistæ, si qui sint similiter, manebunt in simul tam propter commodum collationiæ quam propter honestatem morum ac in testimonium probitatis. Item dicti theologi jurabunt quolibet anno se servaturos statuta quæ pro eis feci, secundum quod in meis litteris eorum seriem continentibus plenius continetur. Si autem contingat, quod Deus avertat, quod studium parisiense vel aliud solemne ex toto cesset vel penitus dissipetur, volo et ordino, quod prædicta omnia remaneant domui Dei de Magdalena et Leprosis de monte juxta Rothomagum in pauperum necessitatibus expendenda et convertenda, quousque studium generale alicubi reformari contingat, tali videlicet modo quod qualibet ebdomadā tradantur priorissæ de Magdalena vel personæ, quæ providebit infirmis sub priore, in domo sua vel hospitali jacentibus, viginti solidi Parisienses pro privatis necessitatibus infirmorum : ita tamen, quod prior vel provisor dictæ domus non relevetur pro hoc a quotidianis et consuetis expensis. Residuum autem detur Leprosis de monte prædictis in eorum necessitatibus expendendum fideliter, usque ad summam pauperum de Magdalena prædictorum, et, de eo quod superit, fiat æqualis distributio inter fratres prædicatores et minores et pauperes hospitalis, quod constitui in parochia Sancti Audoeni Rothomagensis. Et volo et ordino quod ad omnia ista fideliter facienda compellantur dicti priores per dominum Archiepiscopum Rothomagensem, qui pro tempore fuerit, quem in istis omnibus sub dicta forma rectorem instituo et defensorem perpetuum.

In cujus rei testimonium sigillum meum præsentibus apposui. Actum et datum anno Domini millesimo ducentesimo sexagesimo octavo, mense novembri, testibus his magistro Joanne d'Estanvilla, tunc præcantore Rothomagensi magno, Jacobo de Temericourt, Juliano de Bretevilla, canonicis Rothomagensibus et aliis.

APPENDICE B.

A tous ceulx qui ces lettres verront ou orront, Vincent de Saint-Lienart, garde du seel des obligations de la vicomté de Rouen, salut,

Sachiez que par devant Godeffroy de Saint-Lienart, tabellion juré des lettres obligatoires de la dite vicomté, furent présens monsieur Johan du Boscgouet, chevalier, sire du Boscgouet, et Johan du Boscgouet, ecuier, son fils aisné, lesquels de leur bonne volonté sans contraignement aucun connurent et confessèrent quils avoient vendu à tousjours et delessé à *honorable homme et discret* maistre Guillaume Despines et à ses hoirs, c'est à savoir ledit chevalier comme usufruitier et le dit fils comme proprietaire, pour eulx et pour leurs hoirs, et tous ayants cause d'eulx, pour *troys cens vingt-cinq florins d'or à l'escu de bon or et de bon pois* dont les dits vendeurs se tiennent pour bien payés pardevant ledit tabellion, c'est à savoir *un fieu* appelé le fieu du Busc, assis en la paroisse de Louvetot, avec tous les droits, cens, rentes, reliefs, traisimes et toute seignourie et toutes autres choses appartenantes au iceli fieu sans riens en retenir. A tenir et poursaier le dit fieu vendu audit acheteur ou à ses hoirs doresnavant, et ce en pour franchement, quittement, hereditairement, à faire toute leur pure et plaine volonté comme de leur propre heritage en payant les faisanches et redevanches qui deues en sont, et promirent les vendeurs pour eulx et pour leurs hoirs ledit fieu vendu audit acheteur ou à ses hoirs en la manière que dessus est dit envers toute personne délivrer, garentir, acquiter et deffendre de tous encombrements, eschangier à leur propre heritage *value a value*, se mestier estoit, et rendre tous coux et dommages que ledit acheteur, ou ses hoirs, avoient en deffaute de garantie, desquels coux et dommages le porteur de ces lettres seroit creu par son serement sans autre preuve, et pour ce qui dessus est dit tenir, guarder, entérignier et fermement accomplir de point en point en la forme et manière que dessus est dit, les dits vendeurs en obligèrent eulx et leurs hoirs, tous leurs biens meubles, non meubles, présens et à venir à prendre et à vendre, se mestier estoit et s'il venoit contre les choses dessus dites ou contre aucune d'icelles, et avec ce, ils renonchèrent quant à cest fait à tout privilege de croix prise et à prendre, à tout aide de droit escrit ou non, à toute grace et indulgence de pappe, de roy, de duc, de prinche et de tous autres données et à donner, empétrées ou à empétrer et à tout autre previlège, quel qu'il soit ou puisse estre, parquoi ils pourroient aller contre la volonté dessus dite, et si jurèrent sur saintes evvangilles de leurs bonnes volontés que contre cette obligation ne vendront, ne aucune chose ils ne proposeront, ne proposer ne dire ne feront par eux, ne par autre, par raison nulle quelqu'elle soit ou puisse estre, qu'ils ne soient tenus à la dite vendue tenir fermement et entérigner en la manière que dessus est dit et devisé. En temoing de ce, nous à la relation desdits tabellions, avons mis à ces lettres le seel des dites obligations sauf autrui droit. Ce fut fait l'an de grace 1348, le lundi apres la saint Mathieu apostre.

APPENDICE C.

A tous ceux qui ces lettres verront: Hugues Aubriot, garde de la prevosté de Paris, commissaire et gardian donné et deputé par le roy, nostre sire, aux maistres et escoliers de luniversité de Paris, salut:

Savoir faisons, que l'an de grace mil trois cens soixante,

et douze, le 17e jour de juingt, furent présens en jugement par devant nous au Chastelet de Paris, Guillaume Lommoy, procureur des maistres et escoliers de Rouen, fondés a Paris d'une part, et Guillaume le Metayer, substitut de Pierre Bourgeois, procureur de messire Jehan de la Heuse laisné, dit le Baudran, chevalier, garant en cette partie de messire Jehan le Baudran le jeune, chevalier, d'autre part, en la présence desquelles parties et à la requeste dudit Lommoy au nom que dessus, nous ordonasmes et ordonnons que la nouvelleté que les dits maistres et escoliers disent avoir esté faite en leur préjudice en laoust dernier passé et un an de la despouille de certaines terres a eux appartenant *séant en la ville de Beuseville* au bailliage de Longueville, dont ils se sont *dollus* contre ledit messire Jehan Baudran le jeune en cas de saisine et de nouvelleté par vertu de certaines lettres royaulx par eux impetrées dont es explois de lexécution est faite mancion, sera ostée réalement et de fait par le dit messire Jehan de la Heuse, garant dessus nommé dedans le samedi après la Magdalaine prochainement venant, lequel temps nous luy avons préfixé pour ce faire, ou se non, ladite nouvelleté sera ostée ledit temps passé a ses coux et despens et les grains qui furent levés seront restablis, ou la valeur diceulx, sur ce deduis les loyaults coustemens, que pour ce ont été fais pour les dis fruits cueillir èt mectre en lieu, sauf et quant à la provision requise sur le labour desdits héritages, nous ordonasmes et ordonnons que les dits héritages seront labourés gardés et gouvernés pendant le plait des dites parties, ou jusque à ce que autrement en soit ordonné par telles personnes que la justice du lieu y vouldra commettre, comme par la main du roy et aux cous de la chose, sans préjudice toutes voies, cette ordonnance faite des dites parties ne de leur plait, et à la conservation du droit de celui ou ceux a qui il appartiendra, en tesmoing de ce nous avons fait mectre a ces lettres le seel de la prevosté de Paris. Ce fu fait lan et le jour dessus dis. *Signé*, LE BEGUE.

APPENDICE D.

(21 juin 1374.)

A tous ceuls qui ces lettres verront, Hugues Aubriot, garde de la prevosté de Paris, commissaire donné et deputé de par le roy, nostre sire, en ceste partie, par vertu de certaines lettres royaulx desquelles la teneur sera ci dessous transcrite, salut.

Savoir faisons que sur certain débat meu ou esperé à mouvoir en jugement par devant nous, ou Chastellet de Paris, entre noble homme messire Jehan de la Heuse, dit le Baudran l'ainsné, chevalier, garant de messire Jehan de la Heuse son fils, chevalier, et ledit messire Jehan, ès noms qu'il procèdent en ceste partie, pour tant comme à chascuns d'euls touche et puet touchier d'une part, et honnorables et discrètes personnes les proviseurs et escoliers fondez à Paris, en la rue de la Harpe, par feu maistre Guillaume de Saane, jadis trésorier en l'esglise de Rouen, d'autre part, accordé a esté entre lesdictes parties par la fourme et maniere contenue et esclarcie en certaine cédule de parchemin, qui par elles nous a esté presentée, contenant la fourme qui s'ensuit. Sur le plait et proces meu devant le prevost de Paris, et esperé de mouvoir entre noble et puissant seigneur, monseigneur Jehan de la Heuse dit le Baudran l'ainsné, garant de messire Jehan de la Heuse son fils, chevalier, ès noms qu'ils procèdent, pour tant comme à chascun d'euls touche ou puet touchier, d'une part, et honnestes personnes, les maistres et escoliers des trésoriers fondez en la rue de la Harpe, d'autre, pour cause de certains droiz, rentes ou devoirs que demandoient lesdiz chevaliers ou pourroient demander ausdiz escoliers, à cause de leur terre du Busc et tant eust esté procedé que les parties fussent appointiées en fais contraires, si comme par lettres donées dudit prevost l'en dit plus a plain apparoir accordé est s'il plaist au prevost pour bien de paix, pour l'honneur des dits chevaliers, et la bonne affection que euls ont tousjours eu aus escoliers de leur païs, et pour garder le droit des diz chevaliers et leurs droiz par tout et aussi celui des escoliers *que les diz chevaliers ou leurs héritiers et ayans cause pourront présenter aus archidiacres du grand Caux et du petit Caux un escolier bon et souffisant*, sans augmentacion du nombre des diz escoliers, qui soit nez des diz archidiaconéz, et le dit presenté sera receu en l'ostel des diz escoliers et aura sa bourse, hostel, et tout tel droit comme un des autres *six escoliers*, et se ledit escolier mouroit, renonçoit ou estoit par ses démérites, negligence ou autrement que ce soit, osté et debouté, en lieu de lui sera presenté par les diz chevaliers et héritiers et ayans cause un autre souffisant et du pays comme dessus, sanz ce que les diz escoliers le puissent ou doivent contredire ou empeschier, pour tant qu'il soit maistre ès arts et souffisant et selon la coustume de l'ostel, et toutesfois *la correction, visitation et pugnicion dudit escolier ainsi mis*, appartendra aus diz archidiacres, ainsi comme des autres escoliers dudit hostel, et lesdiz chevaliers rendront ou bauldront dedans la miaoust prochain venant cinquante souls tournois de rente tournois bien assises ou argent à la value à prendre au pris du roy pour vint souls dix livres au choiz desdiz escoliers et vint frans à paier une fois dedans ledit terme, et parmi ce lesdictes parties demeureront à accort de tous les diz debaz sanz despens et sanz amende, et sanz ce que lesdiz chevaliers ou héritiers et ayans cause puissent riens plus demander en et sur la dicte terre du Busc, et sera cest accort confirmé et les parties condamnées à le tenir par la sentence dudit prévost sauf le droit desdictes parties en autres choses et l'autrui en tout. Lequel accort les susdictes parties, pour ce comparans jourd'ui devant nous en jugement ou Chastellet de Paris, c'est à savoir le dit messire Jehan de la Heuse l'ainsné par Guillaume le Metaier, son procureur, et le dit messire Jehan, son fils, en sa personne, d'une part et les diz proviseurs et escoliers par Guillaume Lommoy, leur procureur, d'autre part, ont promis chascune pourtant comme lui touche faire tenir, garder, enteriner et acomplir l'un envers l'autre de point en point, selon sa fourme et teneur, sans aller, faire ou dire contre en aucune manière par euls ne par autres jamaiz à nul jour ou tems à venir; voulans avecques ce à greigneur, seureté et confirmacion de ce que dit est, estre par nous condempnéz à ce faire tenir, garder et acomplir et pour ce nous, ouï et entendu ledit accort et consentement, veue ladite cédule de parchemin sur ce faicte et ci-dessus transcrite, et tout veu et considéré *ce qui faisoit à veoir* et considérer, avons condempné et condempnons lesdictes parties chacune pour tant comme à lui touche à faire tenir, garder, enteriner et acomplir ledit accort de point en point suivant sa fourme et teneur par notre sentence et par droit. La teneur desdictes lettres est telle.

Charles, par la grace de Dieu, roy de France, au premier notre sergent qui sur ce sera requis, salut. Oye la supplicacion de nos amés, les proviseurs et escoliers, fondéz à Paris, en la faculté de théologie par feu maistre Guillaume de Saane, jadiz trésorier en l'eglise de Rouen, estant avecques tous leurs biens en notre protection et sauvegarde especiaulx, contenant que, comme de leur fondacion ils ayent et a eulx appartiengnent plusieurs terres et possessions en divers lieux toutes amorties et par especial en la paroisse de Beuseville ou bailliage de Longueville, et soient les diz supplians tant par eux comme par leurs prédecesseurs en saisine et possession d'icelles, labourer et faire cultiver et labourer, de en prendre et appliquier les fruiz, prouffis et émolumens à leur prouffit, seuls et pour le tout, frans et quicttes de toutes rentes, servitutes et redevances, et ycelles saisines et possessions ayent gardées et continuées par tel et si lonctemps qu'il souffist et doit souffire à bonne possession et saisine avoir acquise et retenir; néantmoins Jehan de la Heuse, fils de Jehan de la Heuse dit le Baudran de la Heuse, chevalier, Victor le Sueur et Raoul le Duc, *en l'aoust derrenierement passé* sont de fait venuz ès dictes terres appartenans aus diz escoliers et icelles despouilliées et faites despouillier, pris et emportez les fromens et *ablais*, et fait mener là où ils leur ont pleu contre le gré et vouloir desdiz escoliers ou de leurs commissaires, lesquelles choses ont esté et sont faictes ou grand préjudice et dommage des diz supplians et en les empechant et troublant en leurs dictes saisines et possessions à tort, et sans cause, indeuement et de nouvel, et en enfraignant notre dicte sauvegarde, si comme dient les diz supplians, requérans que sur ce leur soit par nous pourveu de remède convenable. Pour ce est il que Nous, ces choses considérées, te mandons et commettons que, se *sommairement et de plain*, appellez ceulx qui seront à appeller sur les lieux contencieux, il t'appert estre ainsi, les diz empeschemens, trouble et *nouvelleté* ostéz, fais lesdiz supplians ou leurs gens pour eux joir et user paisiblement de leur dite possession et saisine et en ycelles les maintieng et garde, en contraignant à ce par toutes les voies et manières qu'il appartient les dits *occupeurs* et tous autres qui pour ce seroient à contraindre, et ou cas que aucuns se opposeront au contraire et que débat nestra sur ce entre les parties en cas de nouvelleté, la nouvelleté ostée et le débat et les choses contencieuses prises et mises en notre main *comme souveraine*, et par ycelle les lieux restablis réalement et de fait des choses ostéés, se elles sont en nature de chose et se non de la juste valeur d'icelles, considéré *la puissance des adversaires d'iceulx supplians* et que des cas de nouvelleté et de l'infraction de notre sauvegarde, la congnoissance appartient à nous et à noz justiciers, que se il convenoit les diz supplians aler plaidoier ou pays, ils seroient distraiz de leur estude, que le prévost de Paris est gardian des escoliers de l'université de Paris, adjourne les opposans à certain et compétent jour par devant ledit prévost ou son lieutenant pour procéder et aler avant tant sur la dicte opposicion et *la recreance* des choses dessus dictes et l'infraccion de nostre dicte sauvegarde comme aultrement, sur ce que dit est, comme de raison sera, en certifiant souffisamment au dit jour le dit prévost ou son lieutenant de tout ce que fait auras en ceste partie, auquel nous *mandons*, et pour considéracion des choses dessus dictes commettons que sur ce face entre les dictes parties, ycelles oyes, *bon et bref* accomplissement de justice, non contrestant quelconques lettres subreptices *empetreés ou à empetrer* au contraire. Car ainsi attendues les choses dessus dictes le voulons nous estre fait, *et ce avons nous octroié* et octroions aus diz supplians de grace especial par ces présentes. Donné à Paris le quinzieme jour de février, l'an de grace mil trois cent soixante et six, et de notre reigne le septieme. En temoing de ce nous avons fait mectre aus dictes lettres le seel de la prevosté de Paris. Ce fu fait et passé en jugement ou dit Chastellet, le merciedi 21e jour de juin, l'an de grâce 1374, ainsi signé,

LE BEGUE.

APPENDICE E.

TOUCHANT LE DROIT DE BOURSE.

(1er février 1464.)

A tous ceulx [qui] ces lettres verront ou orront Jehan de la Heuse, chevalier, sire dudit lieu de la Heuse, de Bailleul et baron d'Escothegnies, salut. Savoir, faisons que nous avons ordonné, commis, fait, establi et constitué et par ces mesmes présentes faisons, establissons, ordonnons et commettons nostre procureur général et certain messager spécial, cest assavoir Jehan de Guerres portant ces lettres auquel seul et pour le tout nous avons donné et donnons plaine puissance, commission, povoir, auctorité et mandement espécial de traitter, pacifier, compromettre, prolongier, terminer, finer, appointer et accorder pour nos et en nostre nom avec vénérables et discrettes personnes Messeigneurs les archidiacres du grand et du petit Caulx, colateurs des bourses fondées ou colliege du Trésorier en la rue de la Herpe (de la Harpe), à Paris, et les escoliers maistres ès ars estudians et boursiers en icelluy colliege, en tant que à eulx et à chacun d'eulx touche et peut toucher ou procureur pour eulx suffisamment fondé de tous les debatz, controversies, procès, plaidoiries et descors quelxconquez qui sont ou peuvent estre meuz et qui se pourroient mouvoir et commencier ou tems advenir entre nous et les dessusdits ou nos hers et successeurs, à cause et pour raison du droit que nous avons de presenter ung escollier aux bourses dudit colliege et dont nous avons esté et sommes en voie d'aveir entre nous grans et somptueux procès, se par bon moien n'y est subvenu et pourveu, voulans et accordans que tout ce que par mon dit procureur en aura esté fait, besongné, traitté, appointé et accordé il en puisse bailler, faire et passer devant juge ou tabellions royaulx, lettres, instrumens et obligations bonnes et vallables et généralement faire et besongnier en toutes les choses dessus dites et leurs deppendences, tout ainsi et d'aussi grant vigueur, puissance, vertu, force et valeur comme nous mesme ferions, et faire (*sic*) pour nous, se présens y estions, promettans de bonne foy et soubz l'obligation de tous nos biens et ceulx de nos hers, meubles et héritages présens et advenir, tenir et avoir pour agréable ferme et estable tout ce que par le dit Jehan de Guerres nostre procureur dessus nommé sera sur ce fait, besongné, traitté, passé, accordé et appointé. En tesmoing de ce, nous avons signé ces présentes de nostre (seing) et fait sceller du seel de nos armes, le vendredi premier jour de fevrier, l'an de grace mil IIII LXIII.

Signé : J. DE LA HEUSE.

APPENDICE F.

(11 février 1464.)

EXTRAIT DU REGISTRE DU TABELLIONAGE DE ROUEN, DU LUNDI IIme JOUR DE FÉVRIER 1464, PASSÉ DEVANT PIERRE VINCENT ET RAOUL ÉLIS, TABELLIONS.

Comme descord et procès soit meu ou espéré mouvoir entre noble et puissant sieur Monsieur Jehan de la Heuse, chevalier, sieur du dict lieu de la Heuse, de Bailleul et baron des Cotignyees d'une part, et les maistres proviseur, boursiers et escoliers du collège du Tresorier fondé à Paris en la rue de la Harpe, par deffunct maistre Guillaume de Saane, jadis trésorier en l'église Notre-Dame de Rouen d'autre part, parce que icelui sieur de la Heuse, chevalier, disoit, soutenoit, maintenoit et affermoit que, à cause et par raison de certain contract, traicté et appointement, ja pieça faict et passé en Chastelet à Paris, entre deffunct noble homme Monsieur Jehan de la Heuse, dict le Baudran, l'aisné, chevalier, garant de Monsieur Jehan de la Heuse, chevalier, son fils, ses prédécesseurs et desquels il est vray héritier et successeur d'une part, et vénérables et discrettes personnes les maistres proviseur, boursiers et escoliers au dict collège qui lors estoient, d'autre part; duquel contract, traicté et appointement la teneur est telle : A tous, etc. Et mesmement aussi le dict chevalier, portoit, monstroit et faisoit apparoir par quitance sellée du seel du dict collège sain et entier, que ses dicts prédécesseurs avaient pieça baillé et payé manuellement aux dessus dicts maistres proviseur, boursiers et escoliers qui lors estoient, la somme de *quarante cinq livres* tournois pour l'amplement et payement des causes et conditions contenues desclarées aux dicts apointemens de laquelle quitance la teneur en suit, etc. Et il luy compectent (*sic*) et appartenoit, et avoit droit de présenter aulx archidiacres du grand Caux et du petit Caux un escolier bon et suffisant de la nacion et du pays des dicts archidiacres, lequel escolier par luy ainsy présenté debvoit estre receu par lesdicts maistres proviseur, boursiers et escoliers du dict collége pour estre et *demourer* ou dict hostel, avoir et participer aux bourses tout ainsy et en la manière comme l'un d'eulx et que à celle fin il auroit à plusieurs fois presenté aux dicts archidiacres plusieurs escoliers portant les lettres de présentation et lesqueux ou aucun d'eulx avoient eu et obtenu des dicts archidiacres la collation, ce nonobstant avoit esté refusé et debouté par les dicts maistres proviseur, boursiers et escoliers qui nullement ne les avoient voulu recevoir ny accueillir aux bourses et proffits du dict collége, et principalement et dernièrement avoit été par eulx refusé un nommé maistre Jehan Desmastriz, prebstre, maistre ès arts et bachélier en théologie, présenté par ledict chevalier pour estre au dict collége, avoir la bourse, fournir et emplir le lieu vuide et vacant par la mort et trépas de feu maistre Nicolas de la Mare, prebstre, docteur en théologie, boursier du dict collége, lequel Desmastriz avoit esté par les dicts maistres proviseur, boursiers et escoliers refusé et repulsé pour aucune cause à ce le mouvant; pour laquelle cause le dict chevalier avoit faict saisir, prendre et tenir le fieu du Busc, declaré ou dict appointement appartenir à iceux boursiers par son prévost de son fieu et seigneurie du Busc dont il dit leur dict fieu estre ou avoir esté mouvant et dépendant, et par vertu des dictes poursuites duement faictes et rapportéés en ces pledz par plusieurs annéés y avoit été mis aucun débat, contredict, ou opposition, ait prétendu prétendre et vollu avoir les proffficts, rentes, revenus et *levéés* du dict fieu, desquelles *levéés* ou de parties d'icelles Jehan le Roux, rentier, homme *receant* et demourant en l'ostel du chiefmois du fieu des dicts boursiers en tant qu'il lui touchoit seulement avoit faict délivrance coutumière sortissant juridiquement ès assises d'Arques, desquelles assises la dicte cause ait esté renvoyéé ès assises de Longueville, siège ordinaire de la dicte matière, et illec a longuement et par plusieurs journées continuées entre les dictes parties sans faire ouverture de cause et espérance de trouver traicté, accord et appointement entre le dict chevalier et les dicts maistres proviseur, boursiers et escoliers du dict collège qui en ce regard estoient sont et doivent etre garandz du dit Jehan Le Roux, pour lequel traicté et appointement trouver et pour *esquiver* à rigueur et despens du procès et pour *nourrir paix et amour* entre les dictes parties, Jehan de Guerres, procureur général du dict sieur de la Heuse, chevalier, ayant de ce faire pouvoir et autorité, comme il faisoit apparoir par procuration signée du sein manuel du dict chevalier et seellé du seel de ses armes dont la teneur en suit, et vénérable et discrète personne maistre Allain Olivier, docteur en théologie et Jehan le Jureur, prebstre, bachélier en théologie et boursier en icelui collège et procureur des aultres maistres proviseur et aultres boursiers et escoliers du dict collège, comme il montroit par procuration sur ce faicte dont la teneur est telle, se soient trouvez convenus et assemblés en cette ville de Rouen et par le moyen de leurs amys et conseuls ayent traité, accordé, pacifié et appointé entre eulx en la manière qui en suit.

Savoir faisons, etc..., furent présens les dicts procureurs, lesquels en usant du pouvoir a eulx donné et par vertu de leur procuration, chacun en son faict et regard, en tant comme à chacun d'eulx ou nom procuratore touche ou peut toucher, cognurent et confessèrent les choses dessus dictes estre vraies et avoir faict traicté et appointement ainsy et par a manière qu'il ensuit, c'est à savoir que les dicts maistres Allain Olivier et le Jureur ès noms que dessus, comme procureurs des dicts proviseur et aultres boursiers et escoliers du dict college, confirmèrent, louèrent, approuvèrent et ont agréable les appointemens et quitances dessus transcripts en tout et partout ce qu'ils contiennent suivant leur forme et teneur et oultre voulurent et accordèrent que à la premiere bourse et lieu vuyt et vacant au dict collège par quelque maniere, moyen, forme et condition que ce soit ou puisse estre, icelluy seigneur de la Heuse, chevalier, ses hoirs, etc..., puissent et doivent présenter un escolier aulx dicts archidiacres, en la forme et manière contenues audict appointement, lequel sera reçu audict collège et pourveu comme un des aultres boursiers sans quelconque refus ou difficulté qu'ils y pussent mettre ou donner pour quelque voie que ce soit, pourveu qu'il soit capable des dictes bourses selon les statuts et ordonnances du dict collège, auquel cas qu'il seroit, le dict chevalier y en pourroit présenter un aultre bon et suffisant en la manière que dict est, et tant de fois que mestier seroit, et iceluy boursier et escolier trespassé ou aultrement osté, debouté et expulsé des bourses du dict collège, le dict chevalier y en pourroit présenter et mettre ung aultre qui tiendra et occupera son lieu, jouxte la forme du dict appointement, et ainsy de là en avant toutes les fois que le cas eschera à tousjours perdurablement sans que lesdicts maistres boursiers, proviseur et escoliers qui pour lors seront le puisse contredire, mettre ou donner aucun empeschement au contraire, et par ce moyen ledict Jehan de Guerres procureur du dict chevalier, se desista et departyt de tout l'empeschement, prinses de fieu, procès et plaidoiries dessus dicts et qui à cause de ce estoient mues et qui s'en fussent peu mouvoir, voulant, consentant, accordant le dict de Guerres, procureur dessus nommé, que pour le moyen que dict est doresnavant et à tousjours les dicts maistres proviseur, boursiers et escoliers du dict collège et leurs successeurs jouissent et puissent jouir plainement et paisiblement sans aucun contredict de leur dit lieu du Busc et des appartenances et appendances d'iceluy, ensemble de tous les arrérages qui en sont deus et quitter et faire tenir quittes tous les plèges que auroient baillé les tenans du dict fief des dicts escoliers, tant à l'occasion desdictes prinses que autrement, sans ce que le dict chevalier son maistre y puisse jamais à nul jour riens demander, ne mettre débat ou contredict, ne faire demander ou mettre aucun destourbier ou empeschement par quelque voie ou manière que ce soit ou puisse estre, et à toutes lesqueles choses et chacune d'icelles tenir, etc..., c'est à savoir les dicts maistres Allain Olivier et le Jureur tous les biens, héritages, rentes, revenus et temporel du dict collége et ledict de Guerres tous les biens de son dict maistre lequel de Guerres sera tenu en son nom privé aller ou faire prendre congé de cour du dict procès où il appartiendra, présens Jehan Duclos et Robinet de Saint-Saire.

Collation faicte sur l'original en parchemin cy dessus transcript par moi soussigné gardain du dict original, à la requeste de noble homme maistre Artus Ygou, sieur de Beaumont, conseiller segretaire du Roi et maistre ordinaire en sa chambre des comptes de Normandie pour luy valoir et servir qu'il appartiendra. Faict ce 19e jour de novembre mil six cens. *Signé :* N. THIROUIN.

APPENDICE G.

Gieffroy le Cauchois, demourant au Buc en la paroisse de Beaumont Harenc, emprès Beuseville en Caux, confesse devoir et gaige à honorable homme et sage maistre Jehan Belin ou nom et comme proviseur et gouverneur du collège que fonda à Paris feu maistre Guillaume de Saanne, jadis trésorier de l'église de Roen, ou au porteur, etc., seze livres tournois, monnoie courante à présent par certain accort, composicion et compte fait entre eulx à cause et pour raison de la ferme de certains héritages quil a ja pieça tenus dudit maistre gouverneur ou nom et pour ledit collège à paier aux termes qui s'ensuivent, c'est a sçavoir, à la Saint-Michel et à la Penthecouste prouchains venant, et à l'autre Saint-Michel et à la Penthecouste prouchains après ensuivans, à chacun d'iceulx termes soixante solz tournois, et à l'autre feste de Saint-Michel après ensuivant qui fait le derrain terme quatre livres tournois, etc, promectant, etc, coux et dommages, etc., obligeant, etc., prison fermée, etc., jurant voulant, etc.; et parceque dit est ledit Gieffroy est et demeure quicte envers ledit gouverneur et collége de toutes autres choses quelconques qu'il luy pourra demander à cause d'icelle ferme de tout le temps passé jusques au jour d'uy. Fait l'an 1374, le lundi huit jours de may.

Signé : J. DE COITECOURT.

APPENDICE H.

(8 février 1478).

De vénérables et discrètes personnes, messieurs les maistres et escoliers du collége du trésorier de Notre-Dame de Rouen, fondé à Paris en la rue de la Herpe, je, Guillaume Vibert, fils aisné de Paul Vibert, de la paroisse de Beaumont-le-Harenc, tiens et advoue tenir de mesdicts sieurs en leur terre et seigneurie de Beuseville une pièce de terre, contenant 4 acres, ou environ, assise en la paroisse de Louvetot, joux d'un côté a Pol Cailleau *sous aage* et a Guillaume Mauger; daultre côté à Pol Mutel, et à moy mesme, daultre bout le chemin du roy qui maine de Saint-Victor a Osmonville, et daultre bout au chemin du roy qui maine de Beuseville *au hamel du Busc*, dont je dois à mesdicts sieurs quatre sols tournois au terme de Toussaint par chacun an. *Item* une autre pièce de terre contenant trois vergées, ou environ, assise en ladicte paroisse de Louvetot, joux du côté audict chemin du roy qui maine de Beuseville *au hamel du Busc*, daultre côté Guillaume Mutel, daultre bout la pièce desdicts Boursiers, et daultre bout aux hoirs de Loys Mare, et doit à mesdicts sieurs *trois sols tournois de rente par chacun an*, au terme de Toussaint, avec reliefs, treisièmes et aides coutumières et aultres droits et devoirs sieuriaux quand ils échéront.

Baillé et presenté, etc.

APPENDICE I.

Monsieur Ygou, jay reçu les 600 escus que mavez envoyés, 40 reçus par la rescription, et 800 livres que vous aviez envoyés par M. Canu. Nestant la présente pour autre, je prie Dieu vous donner en santé, heureuse et longue vie. A Paris, ce 4 juin 1583.

Votre bien affectionné et amy, a vous servir,

Sébastien Zamet.

Jai reçu de M. Ygou la somme de sept vingt escus sol, de laquelle je lui promets tenir compte. Fait a Paris, le 19 septembre 1583.

Pour sept vingt escus,

Sébastien Zamet.

APPENDICE J.

A tous ceulx qui ces présentes lettres verront ou orront, le garde du scel des obligations de la vicomté et haulte justice de Braquetuit, salut. Sçavoir faisons que par devant Anthoyne Jullien, tabellion juré en ladite vicomté et haulte justice, au siége et sergenterie dudict Braquetuit, Martin Leroy *promis* pour adjoinct, fut présent Jehan Lefevre, dit Roger, laboureur, demeurant en la paroisse d'Ardouval, lequel vollontairement et sans contraincte, confesse avoir eu et receu comptant de Pierre Doulley, escuier, et damoiselle Charlotte Duquesnoy, sa femme, pour damoiselle de la Heuse, présente, la somme de deulx cents cinquante escus sol, que les dicts sieur et damoiselle disoient devoir audict Lefebvre pour cause de semblable somme quil leur auroit cy devant prestée pour avoir armes, bagaiges et chevaux pour bailler a Anthoyne et Jacques Doulley, escuiers, leurs fils, pour aller en larmée de Hongrie dressée contre le Turc, où ils sont a présent, soubs la conduicte du sieur comte de Challigny et dont ils se sont tenus acomptants; laquelle somme de deulx cents cinquante escus sol les dicts sieur et damoiselle disoient estre du nombre des cinq cents escus par eux receus, faisant le contract et vendue des fiefs de Beaumont et le Busc à noble homme maistre Artus Ygou, conseiller secrettaire du roy, maistre ordinaire en sa chambre des comptes en Normandye, sieur de Beaumont, Louvetot et le Busc, par contract passé devant lesdicts tabellions, le quatorziesme jour de septembre dernier, an présent mil six cents, et à ce tenir, entretenir et le tout devant acomplir sur l'obligation de tous leurs biens et ceulx de leurs hoirs, meubles et héritages, présents et à venir. En tesmoing de ce, nous, à la relation des susdicts tabellions, avons mis a ces lettres ledict scel. Ce fut faict et passé au manoir sieurial de la Heuse, le dernier jour de novembre, lan de grace mil six cents, présents à ce, maistre Noel Dufour, prebstre, curé de la Heuse et Jacques Gosse des Authieux, tesmoings.

Signé : JULLIEN, LE ROY.

APPENDICE K.

Fut présent Richard Dubosc, marchand, demeurant en la paroisse de la Heuse, lequel de sa bonne vollonté et sans contrainсte, sest submis et obligé, se soubmet et oblige par ces présentes envers Pierre Doulley, escuier, et Charlotte Duquesnoy, sa femme, pour damoiselle de la Heuse, demeurans audict lieu de la Heuse, présents et ce acceptants : cest a scavoir, *de vestir et accoustrer* damoiselle Charlotte Doulley, fille des dicts sieur et damoiselle de la Heuse de ce qu'il conviendra pour la rendre relligieuse au couvent et monastère des filles cordellières au Neufchastel, tant de *robes*, *cottes*, *manteaux*, *que linges*, fournir une chambre garnye de lict, fourny et aultres meubles, faire deulx banquets tant au provincial, relligieuses et aulx parens et amis de la dicte fille, lun à son entrëe en relligion, et laultre à sa profession, après son an de probation : payer audict provincial lors de la dicte réception en relligion de ladicte fille et pour sa profession, après son dict an de probation, tous et chascuns les deniers qui luy conviendra, payer mesmes aux relligieuses, estant au nombre de onze, a chascune deulx escus tant pour la réception de la dicte fille en relligion, que pour sadicte profession après le dict an de probation, et fournir généralement tout ce quil conviendra pour ce que dessus, et comme lon a coustume faire et bailler aulx filles que lon rend au dict monastère des dictes filles cordellières, au Neufchastel. Ceste la présente submission faicte par le dict Dubosc aux dicts sieurs et damoiselle de la Heuse, au moyen de la somme deulx cents quarante deulx escus vingt six sols tournois, que les dicts sieurs et damoiselle de la Heuse ont promis et ce sont obligés payer ou faire payer audict Dubosc dans huict jours, du jourdhuy....

Faict et passé au manoir sieurial de la Heuse, le mercredy huictiesme jour de novembre, lan de grace mil six cents, présens maistre Noel Dufour, prebstre, curé de la Heuse, et Jacques Gosse, des Authieux.

Signé, JULLIEN, LE ROY.

A tous ceulx qui ces présentes lettres verront ou orront, le garde du scel des obligations de la vicomté et haulte justice de Braquetuit, salut: sçavoir faisons que pardevant Anthoyne Jullien et Martin Le Roy, tabellions juréz en la dicte vicomté et haulte justice du siége et sergenterie du dict Braquetuit, fut présent Richard Dubosc, marchand, demeurant en la paroysse de la Heuse, lequel vollontairement et sans contraincte a recognu et confesse avoir eu et reçeu ce jourdhuy comptant de noble homme maistre Artus Ygou, conseiller secrettaire du roy, maistre ordinaire en sa chambre des comptes de Normandie, sieur de Beaumont, le Busc, et Louvetot, par les mains de noble homme maistre Allexandre Guerard, procureur en la court de Parlement de Rouen, demeurant en la paroisse Saincte-Croix-Sainct-Ouen, dans Rouen, la somme de deulx cents quarante deulx escus vingt six sols tournois, a lacquit et descharge de Pierre Doulley et damoiselle Charlotte Duquesnoy, sa femme, pour damoiselle de la Heuse, laquelle somme les dicts sieur et damoiselle de la Heuse s'estoient submis payer ou faire payer au dict Dubosc, suyvant le marché faict entre eux pour fournir par ledict Dubosc tout ce qu'il convient pour rendre relligieuse, damoiselle Charlotte Doulley, fille des dicts sieur et damoiselle de la Heuse, au couvent et monastère des filles cordellières, au Neufchastel....

Faict et passé au manoir sieurial de la Heuse le mercredy, avant midy, quinziesme jour de novembre, l'an de grâce mil six cents.

Signé, JULLIEN, LE ROY.

APPENDICE L.

(24 avril 1635.)

Bernardus Le Pigny, presbyter, in jure canonico licentiatus, insignis ecclesiæ Rothomagensis canonicus et archidiaconus majoris Caleti, et Petrus Blondel etiam presbyter, in supremo senatu Normaniæ regis consiliarius, prædictæ ecclesiæ pariter canonicus et archidiaconus minoris Caleti : dilecto nobis in Christo magistro Joanni Alexandro Juniori, in alma Parisiorum academia artium magistro, ibidem que nunc actu sacræ theologiæ studenti, e parochia de Calleville, decanatus de Basqueville, in archidiaconatu minoris Caleti hujusmodi et diœcesi Rothomagensi oriundo, salutem in Domino. Unam ex magnis bursis et collegii Thesaurariorum Parisiensis ex agro Caletensi vel saltem ex prædicta tota diœcesi oriundis, ibidem actu studentibus affectis et destinatis, cujus, vacatione occurente, præsentatio personæ idoneæ in ea per nos, ratione nostrarum archidiaconalium dignitatum, hujusmodi institutum ad pro tempore existentem dominum feodi et dominii *de la Poterie-au-Busc* ratione sui hujusmodi dominii ad præsens spectat et pertinet. Nunc per puram et simplicem dimissionem, seu juris abdicationem, magistri Joannis etiam Alexandre senioris presbyteri, in eadem parisiensis accademia baccalaurei theologi, illius magnæ bursæ ultimi magni bursarii, viva voce per eum factam et admissam, liberam vacantem : tibi licet absenti bene merito et sufficienti, qui nobis per *nobilem virum dominum Arturum Godart, dominum du Besquet, Beaumont, Louvetot, Beuzeville et de la Poterie-au-Busc, regis in secretiori et status concessibus consiliarium et in ballivatu Rothomagensi locum tenentem generalem ibidemque in sede præsidali præsidem*, extistiti scriptis præsentatus et per nos receptus, ad Dei laudem et honorem, contulimus et conferimus per præsentes. Salvis, in omnibus, nostris jure et intentione augendi numerum bursarum hujusmodi juxta intentionem piæ memoriæ Guillelmi de Saana prædicti collegii fundatoris, si et postquam per ejusdem collegii visitationem auctoritate nostra faciendam de sufficientibus ad id facultatibus nobis legitime constiterit. Onus et servitium magnæ bursæ hujusmodi juxta illius fundationem tibi commitentes. Tu vero prædictorum majoris et minoris Caletorum archidiaconis ac dicti collegii provisori reverentiam et honorem exhibebis. Quocirca sæpe dicti collegii provisori hujusmodi, tenore præsentium mandamus, quatenus te seu procuratorem tuum in ipsius magnæ bursæ possessionem inducat, ut moris est, ac de illius juribus, fructibus et pertinentiis universis faciat integre responderi. Datum Rothomagi, sub signis et sigillis nostris, nec non magistri Joannis Le Prevost presbyteri, Rotomagi notarii apostolici nostri hac in parte secretarii suscriptione, anno Domini millesimo sexentissimo trigesimo quinto, die vigesima quinta mensi aprilis, præsentibus honorabili viro Simone Talbot et Carolo le Roux, civibus Rothomagi testibus.

Signé, Le Pigny, Blondel.

De mandato duorum nostrorum archidiaconorum.

Signé, Le Prévost.

APPENDICE M.

Bernardus le Pigny et Joannes Hue de la Roque, in juribus licentiati, metropolitanæ Rothomagensis ecclesiæ canonici et archidiaconi majoris et minoris Caleti, dilecto nobis in Christo magistro Danieli Preudhomme, diacono diœcesis Rothomagensis, ex agro Caletensi oriundo et facultatis Parisiensis artium magistro, salutem in Domino.

Unam ex sex magnis bursis collegii Thesaurarii Rothomagensis, in alma universitate studii Parisiensis fundatam, ac per aliquem scholasticum ibidem actu studentem ex agro Caletensi oriundum obtineri et deserviri solitam; quam nuper obtinebat magister Stephanus Noel presbyter, ultimus et immediatus illius magnæ bursæ possessor pacificus, nunc vero per illius cessionem, seu volontariam demissionem, liberam et vacantem, cujus quidem magnæ bursæ dum vacat præsentatio, hujus ad eam præsentandi ad pro tempore existentem dominum feodi *de la Poterie-au-Busc* ratione hujus modi dominii spectare asseritur, præsentationis vero receptio, collatio et institutio ad nos archidiaconos respective pertinent, tibi præsenti bene merito et sufficienti, per nobilem dominum de Belbeuf et de la Poterie-au-Busc præsentato et per nos recepto, ad Dei laudem et honorem contulimus et conferimus per præsentes onus et servitium dictæ bursæ tibi committentes: tu vero nobis et successoribus nostris ac dicti collegii provisori honorem et reverentiam prestare teneberis, quocirca dictis domino provisori ac bursariis ejusdem collegii mandamus quatenus te, seu legitimum procuratorem tuum, in ipsius magnæ bursæ realem et actualem possessionem ponant et inducant, ut moris est. Datum Rothomagi, sub signis et sigillis nostris, anno Domini millesimo sexentesimo nonagesimo tertio, die vero duodecima februarii. Præsentibus Petro Magnan et Roberto Trubert, Rothomagi commorantibus, testibus in minutis præsentum signatis :

B. LE PIGNY, J. DE LA ROQUE.

De mandato dominorum nostrorum archidiaconorum.

BARDEL.

Anno domini millesimo sexentesimo nonagesimo tertio, die vero vigesima secunda martii, magister Daniel Preudhomme, diaconus Rothomagensis, in artibus magister, inductus est, per me præfati ex altera parte collegii gymnasiarcham, in realem et corporalem dictæ ex altera parte majoris, ut aiunt bursæ, tibi a munificentissimis dominis collatoribus concessæ, possessionem, id que nemine reclamante magistris Francisco Casse, presbytero baccalaureo theologo facultatis Parisiensis, Ludovico Brumen presbytero, Davide Duval clerico, majoribus bursariis, qui mecum subsignavere anno et die prædictis.

GALLIOT,
Gymnasiarcha.

Nos infra scripti Franciscus Casse, presbyter, baccalaureus theologus facultatis Parisiensis nec non collegii Thesaurarii procurator, magister Ludovicus le Brumen presbyter, David Duval clericus, prædicti collegii magistri et socii fidem facimus per nos et præfatum dominum Galliot dicti collegii primum socium seu, ut aiunt, bursarium majorem, te inductum fuisse in realem et corporalem majoris bursæ possessionem a munificentissimis dominis collatoribus concessæ, id que, nemine reclamante, post missam solemnem paschalem, die vigesima secunda martii, anno Domini millesimi sexentissimi nonagesimi tertii.

CASSE, LE BRUMENT.

APPENDICE N.

(8 décembre 1711.)

Aujourdhuy sont comparus par devant les conseillers du roy, au Chatelet de Paris, les soussignés maître Bernard Couet, archidiacre du grand Caux et collateur des bourses du collége des Trésoriers, fondé en luniversité de Paris, rue Neuve-Richelieu, proche la Sorbonne; maître Jacques Prévost, prestre, docteur de Sorbonne, principal et procureur du dit collége, et maître André Roost, prestre, bachelier de Sorbonne, grand boursier dudit collége, lesquels ont dit que, par la délibération arrestée sur le registre du dit collége, le 13 novembre 1711, le dit sieur Couet et monsieur Dosmont, archidiacre du petit Caux, aussi collateur des bourses du dit collége, seroient convenus que, pour procurer au dit collége la facilité de faire faire les réparations qui sont nécessaires à faire, en concourant autant quil leur seroit possible à son rétablissement, ils ne nommeroient point, pendant un temps convenable, aux grandes et petites bourses qui viendroient à vacquer au dit collége, que néantmoins, par la démission pure et simple faite par Jean le Comte, clerc du diocèse de Rouen, le 9 juin dernier 1712, il vaque à présent une grande bourse, dont les dits sieurs du dit collége reconnoissent par ces présentes que la présentation appartient à Monsieur de Belbeuf, lequel à la prière et réquisition des dits sieurs dudit collége, ayant bien voulu, quant à présent, ne point présenter a la ditte bourse, pour les mesmes motifs cy-dessus, et qui lui ont été expliqués par les dits sieurs du dit collége, témoignent que la réquisition par eux faite au dit sieur de Belbeuf de ne point présenter à la dite bourse, quant à present ny pendant tout le cours de lannée prochaine 1713, n'est point pour le faire déroger à son droit; ils ont, par ces dites présentes, dit et reconnu quils ont, par suite, cognoissance quil présente à cette bourse, quand elle vient à vacquer et quil na suspendu la dite présentation que pour leur faire plaisir, laquelle présentation le dit sieur de Belbeuf pourra néantmoins faire quand bon luy semblera, dont de quoy les dits sieurs comparans ont requis aux notaires soussignés le présent acte, à luy octroyé pour servir ce que de raison. Fait et passé à Paris, en létude, lan 1711, le huictième jour de décembre, et avons signé.

Signé : Couet,
Prévost,
Principal des trésoriers,
Doyen, d'Osmond, Roost, Fromont.

Scellé ce jourdhui
(un parafe).

APPENDICE O.

RECUEIL DE TOUTES LES DÉLIBÉRATIONS IMPORTANTES PRISES DEPUIS 1763 PAR LE BUREAU D'ADMINISTRATION DU COLLÉGE DE LOUIS-LE-GRAND ET DES COLLÉGES Y RÉUNIS, CONCERNANT LE COLLÉGE DU TRÉSORIER. — A Paris, chez Pierre-Guillaume Simon, imprimeur du Parlement et du collége de Louis-le-Grand. MDCCLXXXI.

Recueil de toutes les délibérations importantes prises depuis 1763 *par le bureau d'administration du collége de Louis-le-Grand et des colléges y réunis.*

OBJET DE CE RECUEIL.

E traits des registres du bureau d'administration du collége de Louis-le-Grand et colléges y réunis.

Du 3 décembre 1778.

Délibération qui nomme des commissaires pour rédiger le présent recueil.

Le bureau, considérant la nécessité de réunir toutes les délibérations importantes prises depuis 1763, et combien il seroit utile que chacun de MM. les administrateurs fût à portée de consulter journellement cette collection qui, d'ailleurs, mettroit chaque nouvel administrateur, aussitôt après sa nomination, au courant des opérations et lui épargneroit par là un travail long et fatigant :

A unanimement arrêté que MM. de Sainfray et Chupin

seront priés de faire le dépouillement de toutes les délibérations importantes prises depuis le premier instant de la réunion des colléges dans celui de Louis-le-Grand, de les mettre en ordre, en réunissant tout ce qui concerne chaque collége particulier, et de rapporter la collection de ces délibérations au bureau, pour en être ensuite ordonné l'impression.

Du 28 mai 1781.

Compte desdits commissaires et plan de ce recueil.

Messieurs les commissaires nommés par délibération du 3 décembre 1778, pour rassembler toutes les délibérations importantes faites depuis la réunion, ont rendu compte qu'ils avoient cru devoir prier M. le président Rolland de présider à la rédaction et même de se charger de la confection de ce Recueil, ce qu'il avoit bien voulu faire; que son travail fini, ils l'avoient revu et examiné ensemble; qu'ils pensoient que le Recueil, tel qu'ils avoient l'honneur de le présenter, rempliroit l'objet que le bureau s'étoit proposé par sa délibération susdatée; mais que, pour mettre Messieurs à portée de juger si en effet on avoit bien saisi leurs intentions, ils croyoient devoir tracer en peu de mots le plan que M. le président Rolland avoit adopté, et qui leur a paru être celui que l'on pouvoit désirer pour, conformément à la délibération du 3 décembre 1778, mettre chaque nouvel administrateur, aussitôt après sa nomination, au courant des opérations et lui épargner par là un travail long et fatigant.

Que d'abord M. le président Rolland avoit cru devoir diviser ce Recueil en deux parties;

Que la première étoit composée de dix-sept chapitres, précédés d'une Introduction qui contenoit l'historique de la réunion; qu'il avoit inséré dans cette introduction l'objet des différentes loix intervenues depuis 1763 jusqu'à ce jour; la substitution qui avoit été faite du collége de Beauvais à celui de Lisieux; le précis, tant du travail de MM. les commissaires pour accélérer la réunion, que des travaux du bureau pour le même objet; les difficultés que le bureau avoit éprouvées pour les exhumations; les variations que la révolution de 1771 avoit occasionnées dans le bureau d'administration; les délibérations des 4 septembre, 2 octobre et 4 décembre 1770, qui contiennent les détails de l'administration du bureau intermédiaire et sous quel point de vue elle avoit été considérée par Messieurs.

Que les dix-sept chapitres de cette partie contiennent :

Le premier, les délibérations relatives au portrait du feu roi et aux jetons frappés par ordre du bureau.

Qu'ils avoient cru devoir mettre ce chapitre le premier, parce que la délibération du 11 octobre 1764, qui le commence, contenoit un dire de M. le président Rolland qui exprimoit les sentimens dont le bureau étoit pénétré pour les bienfaits du feu roi, et qu'il leur avoit paru convenable de commencer le Recueil par les témoignages de la reconnoissance du bureau.

Qu'ensuite ils avoient pensé devoir placer la partie législative, et qu'à l'égard des autres chapitres, ils les avoient rangés par ordre alphabétique, regardant cette distribution comme la plus commode.

Qu'en conséquence, on trouveroit :

Dans le second chapitre, les lettres patentes registrées au Parlement.

Dans le troisième, celles registrées à la Chambre des comptes.

Dans le quatrième, les arrêts et règlemens;

Dans le cinquième, ce qui avoit rapport à l'administration.

Dans le sixième, ce qui avoit rapport aux droits d'amortissement demandés au bureau.

Dans le septième, ce qui étoit relatif aux boursiers considérés en général.

Dans le huitième, la forme des comptes et des objets à y comprendre.

Que le neuvième, contenoit les délibérations prises au sujet des couverts et des gobelets d'argent des maîtres et des boursiers.

Le dixième, celles relatives à la cuisine et le détail des dépenses de bouche.

Le onzième, celles concernant les domestiques et leurs gages.

Le douzième, celles relatives aux médecins, chirurgiens et à l'infirmerie.

Le treizième, la forme de la nomination aux bourses et aux bénéfices, dont le bureau est collateur.

Le quatorzième, les délibérations qui forment l'obituaire.

Le quinzième, celles relatives aux ouvriers.

Le seizième, *celles concernant les pensionnaires.*

Et enfin le dix-septième, tout ce qui a rapport au principal, aux maîtres et à leurs honoraires.

Que la seconde partie étoit divisée en vingt-neuf chapitres, un pour chaque collége; qu'ils étoient précédés d'un avertissement, dont l'objet étoit principalement de rendre compte des détails et des articles que l'on avoit supprimés dans chaque délibération de réunion.

Que l'on avoit réuni dans chaque chapitre tout ce qui étoit relatif à chaque collége et aux différentes fondations qui en faisoient partie, et que, lorsque ces fondations étoient administrées séparément et avoient un compte particulier, elles formoient dans chaque chapitre autant d'articles séparés. Qu'en conséquence,

Le premier chapitre étoit pour le collége d'Arras.

Le second, pour celui d'Autun et ses fondations.

Le troisième, pour celui de Bayeux.

Le quatrième, pour celui de Beauvais et ses fondations.

Le cinquième, pour celui de Boissy.

Le sixième, pour celui des Bons-Enfans.

Le septième, pour celui de Bourgogne.

Le huitième, pour celui de Cambray.

Le neuvième, pour celui des Cholets.

Le dixième, pour celui de Cornouailles.

Le onzième, pour celui de Dainville.

Le douzième, pour celui des Dix-huit.

Le treizième, pour celui de Fortet.

Le quatorzième, pour celui de Huban.

Le quinzième, pour celui de Justice et ses fondations.

Le seizième, pour celui de Laon et ses fondations.

Le dix-septième, pour celui de Louis-le-Grand, sa bibliothèque et ses fondations.

Le dix-huitième, pour celui du Mans.

Le dix-neuvième, pour celui de Maître Gervais.

Le vingtième, pour celui Mignon.

Le vingt-unième, pour celui de Narbonne.

Le vingt-deuxième, pour celui de Presle.

Le vingt-troisième, pour celui de Reims et ses fondations.

Le vingt-quatrième, pour celui de Sainte-Barbe et ses fondations.

Le vingt-cinquième, pour celui de Saint-Michel.

Le vingt-sixième, pour celui de Séez.

Le vingt-septième, pour celui de Tours.

Le vingt-huitième, pour celui de Tréguier.

Et le vingt-neuvième, pour celui du Trésorier.

Après ce détail, M. Chupin a ajouté que, si Messieurs le désiroient, il emploieroit ses vacances à faire une table des matières.

Ensuite lecture a été faite de l'introduction qui doit être placée à la tête de la première partie, ainsi que de l'avertissement qui commencera la seconde partie, et des différens chapitres de chacune des deux parties.

La matière mise en délibération,

Le bureau a unanimement approuvé le travail de MM. les commissaires, les a remerciés des peines et soins qu'ils avoient bien voulu se donner pour la rédaction d'un recueil, que le bureau désiroit depuis longtemps, et a prié M. Chupin de vouloir bien rédiger une table des matières.

Il a été de plus ordonné que le recueil, dressé par MM. les commissaires, avec la table que rédigera M. Chupin, seront imprimés jusqu'au nombre de quatre cents exemplaires, et que la présente délibération, ensemble celle du 3 décembre 1778, seront placées à la tête dudit recueil, dont le secrétaire du bureau remettra deux exemplaires à chacun des membres du bureau, et un à MM. del' Averdy, Cochin, de Bonnaire de Forge et Poan, anciens administrateurs, ce qui sera également pratiqué pour chaque administrateur nouveau, et M. le président Rolland a été prié d'en remettre un exemplaire à Monseigneur le Garde des Sceaux, un à M. le Premier Président, et un à M. le Procureur Général.

Arrêté en outre qu'il seroit imprimé vingt-cinq exemplaires de chacun des vingt-neuf chapitres de la seconde partie, ainsi que des différents articles y relatifs, et autant qu'il sera nécessaire de la délibération du 3 décembre 1778 et de la présente, pour être joint auxdits vingt-neuf chapitres et articles en dépendans, et être du tout envoyé deux exemplaires à chaque supérieur majeur et nominateur, et leur en être successivement donné lors de chaque changement de nominateurs ou supérieurs majeurs.

DEUXIÈME PARTIE.

AVERTISSEMENT.

Cette seconde partie sera divisée en vingt-neuf chapitres, un par collége; les fondations différentes faites dans chaque collége formeront dans les chapitres relatifs à ces colléges autant d'articles séparés.

Mais en rédigeant le présent recueil on a observé que, surtout dans les délibérations de réunion, il y avoit un grand nombre de dispositions qui se trouvoient répétées dans toutes; pour simplifier, on a cru convenable de supprimer tous ces articles généraux et d'en faire seulement mention au commencement de cette seconde partie; il n'y a qu'à la fondation Pourchot, dans le collége Louis-le-Grand, dont (par les raisons qui seront expliquées lorsque l'on parlera de cette fondation) on n'a supprimé presque aucuns détails ; au surplus ceux qui ont été supprimés dans tout le présent recueil sont au nombre de quatorze.

1° Le détail des biens de chaque collége : on a supprimé ces détails (excepté pour les colléges d'Huban et de Louis-le-Grand), vu les variations que ces biens ont souffertes singulièrement quant aux revenus ; d'ailleurs, comme on connoîtra la date de la délibération de réunion, si on a besoin de quelques éclaircissemens sur ces biens, que l'on présume être insérés dans cette délibération, on pourra, si l'on veut, y recourir.

Au surplus, comme on a pensé que la seule chose importante étoit de connoître l'état actuel, et que les comptes de chaque année et les délibérations y jointes[1] donnent à ce sujet toutes les connoissances que l'on peut désirer, on s'est contenté de commencer le chapitre contenant chaque collége, par marquer le montant de ses revenus en 1763 et en 1780.

2° La disposition qui ordonne que le mémoire, d'après lequel la délibération de réunion a été rédigée, sera déposé aux archives.

3° Les articles relatifs aux prix des bourses ; dans le moment de la réunion il a varié, vu le montant des revenus de chaque collége ; mais, depuis 1767, toutes les bourses sont pleines et suffisantes pour payer la pension entière de chaque boursier.

4° Ceux concernant la part contributoire, qui a aussi varié, vu l'augmentation des revenus ; elle est fixée récemment par délibération du 16 juillet 1778 et les lettres

1. Voyez à ce sujet le sommaire 54 du mémoire rédigé par M. le président Rolland, en 1777. Ce sommaire est ainsi conçu : « Forme des comptes d'après lesquels il étoit tous les ans délibéré sur les améliorations dont les revenus de chaque collége étoient susceptibles. »

patentes du 19 mars 1780, et cette fixation se renouvellera tous les vingt ans.

5° Ceux qui statuoient sur les fondations pieuses, attendu que cet objet a été depuis réglé d'après la plus grande connoissance de cause en 1767; on a cru devoir réunir ensemble toutes les délibérations relatives à l'objet; elles forment le chapitre XIV de la première partie; mais on doit observer à ce sujet que, dans presque tous les colléges, les bourses n'étoient pas, à beaucoup près, suffisantes pour la nourriture des boursiers, et que, pour y suppléer, les principaux et autres officiers, ainsi que quelques particuliers étrangers à ces colléges, ont fondé des obits auxquels ils obligeoient les boursiers d'assister, et leur accordoient une rétribution de cinq sols, dix sols, vingt sols, et quelquefois davantage; comme le bureau a fait toutes les bourses pleines, il a supprimé ces rétributions, et pour ne pas distraire les boursiers de leurs études, il ne les a obligés d'assister qu'aux obits qui se célèbrent pour les fondateurs de leur collège.

6° Ceux qui régloient la forme de la reddition des comptes, Sa Majesté y ayant statué par les règlemens de 1767 et 1769.

7° Ceux relatifs aux études que devoient faire les boursiers de différens colléges, Sa Majesté les ayant rendus uniformes par ses lettres patentes du 19 mars 1780.

8° Ceux qui fixoient les pensions des anciens officiers quand elles sont éteintes; mais on a laissé subsister ces articles dans les colléges qui en sont encore chargés.

9° Ceux qui régloient la forme de conférer les bourses et de les créer ou de les suspendre, ou de les rétablir, ces objets ayant été fixés uniformément par les règlemens de 1767 et de 1769; mais à la tête de chaque chapitre on a fait mention du nombre des bourses existantes en 1763, et de celles actuellement subsistantes, ainsi que des conditions nécessaires pour pouvoir en être pourvu, et on y a ajouté le nom des nominateurs. Pour abréger, on se contentera d'ajouter en note des délibérations de réunion, la date des créations des bourses faites dans chaque collége. On a cependant rapporté en entier les délibérations qui, outre les créations de bourses, contenoient des détails importans relativement soit à ceux qui devoient occuper les bourses, soit à la distribution qui devoit en être faite entre différens nominateurs ou différens diocèses, soit enfin à l'ordre qui doit être pratiqué dans les cas de suspension. Au surplus, toujours dans le même principe d'abréger, on n'a pas même voulu dater les arrêts qui les ont homologuées, mais il est certain que le bureau ne s'est jamais permis de se dispenser de remplir cette formalité; de plus, comme le bureau intermédiaire ne s'étoit pas plus conformé aux règlemens sur cet article que sur les autres, le bureau, lors de son rétablissement, a eu soin de remettre cet objet en règle.

10° Ceux qui ordonnoient que les nominateurs seroient avertis des vacances des bourses, cette forme ayant été déterminée par le règlement de 1767.

11° Ceux qui obligeoient les boursiers d'être soumis aux règlemens, exercices et discipline du collége de Louis-le-Grand, cet article étant une suite nécessaire de la réunion.

12° Ceux qui ordonnoient que M. le Procureur Général seroit prié de faire homologuer les délibérations de réunion.

13° Ceux qui établissoient que les boursiers ne pouvoient entrer au collége qu'au premier octobre de chaque année; le règlement de 1767 avoit adopté cette disposition et avoit de plus accordé aux boursiers la liberté d'entrer au collége de Louis-le-Grand pendant la quinzaine de Pâques; mais le règlement de 1769 avoit changé ces dispositions, qui ont été rétablies par les lettres patentes du 19 mars 1780.

14° En faisant imprimer à la suite des délibérations, ou actes relatifs à chaque collége, le nécrologe de ses fondateurs et bienfaiteurs, dressé en exécution de la délibération du 27 avril 1767, et qui doit être remis à chaque boursier lors de son entrée au collége, on a également supprimé l'avertissement dont l'objet est d'engager chaque boursier de prier pour les fondateurs et bienfaiteurs de son collége, et de conserver toute sa vie la reconnoissance qu'il lui doit; on s'est contenté d'imprimer cet avertissement en note de ladite délibération du 27 avril 1767.

Mais quoique l'on ait supprimé tous ces détails des délibérations de réunion, on a cru devoir conserver aux articles que l'on a laissé subsister, les numéros qu'ils avoient dans la délibération de réunion. Au surplus, ceux qui ne seront pas satisfaits de ce qu'ils trouveront dans le présent recueil, et qui désireront de plus grands éclaircissemens, peuvent se les procurer.

1° En consultant le compte rendu par M. del' Averdy aux Chambres assemblées, le 12 novembre 1763, lequel est imprimé et se trouve dans le VIIe volume de la collection de Simon, *sur l'affaire des jésuites.*

2° En examinant les titres particuliers de chaque collége et l'inventaire qui en a été dressé par le secrétaire.

On finira cet avertissement par quatre observations importantes, et que l'on prie de ne point perdre de vue en lisant les chapitres suivants.

I. Que dans l'état des charges des colléges, dont on fera ci-après mention, en mettant au commencement du chapitre l'état de situation de chaque collége, on y a compris la fixation annuelle de ses réparations, suivant qu'il a été délibéré le 3 mai 1781, et que l'on espère ne pas employer en réparations la totalité de la somme fixée par cette délibération.

II. Que dans le montant des revenus et des charges, et généralement dans toutes les sommes rapportées dans les différens chapitres de ce recueil, on a supprimé les sols et les deniers.

III. D'après le détail que l'on va donner de chaque collège, on sera bien étonné que plusieurs, tels, par exemple, que ceux d'Arras, Maître Gervais, etc., qui ont très-peu de revenu net, c'est-à-dire d'excédant de leur revenu, déduction faite de leurs charges ordinaires, aient cependant un reliquat quelquefois même considérable, d'autant qu'outre les charges ordinaires, il y en a d'extraordinaires[1], auxquelles il faut pourvoir; mais l'étonnement cessera quand on sera instruit :

1° Que l'on a laissé dans ces colléges, pendant six mois ou un an, et quelquefois davantage, des bourses vacantes, ce qui naturellement leur a formé un reliquat; que, d'ailleurs, le nombre des bourses actuellement existant n'a été établi que successivement[2] et qu'après que ces colléges ont eu en caisse à peu près la même somme qu'ils ont actuellement.

2° Qu'en passant les baux le bureau exige, sous la dénomination de droit de chapelle, le dixième d'une année du bail, ce qui forme un revenu extraordinaire qui entre dans la caisse de chaque collége particulier.

IV. On se plaindra peut-être que plusieurs colléges ont des sommes trop considérables en caisse, et on demandera pourquoi ces sommes ne sont pas placées.

Cette observation est en quelque façon contradictoire avec la précédente, mais la réponse se trouve dans le règlement de 1767, qui exige (art. 2 du tit. V) que chaque collége ait au moins une année de son revenu en caisse. L'objet de cette réserve est de pouvoir parer à tous les événemens, et notamment aux reconstructions pour lesquelles les colléges réunis se prêtent mutuellement, sans intérêts, ce qui facilite la libération de ceux qui sont obligés de faire des reconstructions.

D'après le bordereau de caisse imprimé ci-dessus, 1re partie, chap. VIII, p. 249 et 250, on remarquera que très-peu de colléges ont en caisse l'année de leurs revenus; mais le

1. Ces charges sont les gratifications que le bureau accorde aux boursiers, soit pour prendre des degrés, soit à titre d'encouragement, surtout lorsqu'ils ont des prix à l'université, ainsi que les frais d'impression des thèses, etc.

2. Voyez la transaction du 4 mars 1779 pour le collége d'Autun, ainsi que les créations de bourses pour les différents colléges faites par le bureau en décembre 1777 et janvier 1778.

bureau a désiré d'abord de compléter les bourses fondées; en conséquence, on observera que les colléges qui ont plus de boursiers qu'il n'en avoit été fondé (tels que Bourgogne, Cholets, Dainville, Presles, etc.) ont un reliquat plus considérable et plus approchant de l'année de leur revenu; mais le reliquat des autres colléges n'est pas aussi considérable; cependant, au moyen de l'excédant annuel de leurs revenus sur leurs charges, et des améliorations que le bureau espère pouvoir faire, ces colléges parviendront aussi successivement à avoir en réserve l'année entière de leurs revenus.

Au surplus, chaque année après la reddition des comptes, le bureau (ainsi qu'il a été observé dans la note 1 ci-dessus) délibère en exécution de l'article 16 du titre VI du règlement de 1767, sur les placemens à faire en faveur des colléges qui se trouvent avoir en caisse plus que l'année de leurs revenus; c'est ce qui a été fait le 5 avril et le 3 mai 1781; en conséquence, le bureau a, dans ses deux séances, ordonné le placement de 41 000 liv., le tout à prendre sur les épargnes des colléges des Bons-Enfans, de Dainville, de Presles, de Rheims, de Saint-Michel et de Tours, ainsi qu'au profit des fondations d'Oudard de Moulins, dépendant du collége d'Autun; de Cousin, dépendant de celui de Laon; et de Harlay, dépendant de celui de Louis-le-Grand; placemens qui seront rappelés ci-après, chacun dans les chapitres où il sera question de ces colléges ou fondations.

On finira cet avertissement par observer que l'on a cru utile de faire connoître ceux de MM. les administrateurs chargés des différens départemens; en conséquence, à la suite du nom de chaque collége, on a ajouté dans quel département il étoit; et on insérera ici la distribution qui en a été faite entre MM. les administrateurs, ainsi que le nom des colléges qui composent chaque département.

M. le président Rolland et M. Villiers de la Noue sont chargés du premier département, qui est composé des colléges d'Arras, de Beauvais, du Cambray, de Justice, de Louis-le-Grand, de Mignon, de Narbonne et de Tréguier.

M. le Febvre d'Amecourt et M. l'abbé Rat de Mondon, du second, qui est composé des colléges de Boissy, des Bons-Enfans, de Presles, de Sainte-Barbe, de Saint-Michel, du Trésorier et de Tours.

M. le président Camus de Pontcarré, et M. Chuppin, du troisième, qui est composé des colléges de Bourgogne, de Cornouailles, de Dainville, d'Huban, de Maître-Gervais, du Mans et de Rheims.

M. l'abbé Tandeau de Marsac et M. Estienne, du quatrième, qui est composé des colléges d'Autun, de Bayeux, des Cholets, des Dix-huit, de Fortet, de Laon et de Séez.

CHAPITRE XXIX.

Collége du Trésorier[1].

On observera sur ce collége :

1° Qu'au moment de la réunion, ses revenus n'étoient que de huit mille sept cens soixante-deux livres, et qu'ils sont actuellement de douze mille soixante-douze livres. Que ses charges, y compris la pension de deux mille deux cens livres de son ancien principal, et le montant de ses réparations fixées à douze cens livres par la délibération du 3 mai 1781, sont de onze mille cinq cens trente-neuf livres, qu'ainsi l'excédant de ses revenus, charges déduites, est de cinq cens trente-trois livres. Que ce collége avoit, au premier octobre 1781, en caisse la somme de dix mille quatre cens sept livres.

2° Qu'il n'avoit pas en 1763 de dettes; mais qu'en 1767 il en a coûté vingt-six mille livres pour une réparation faite à une maison au coin des rues de la Harpe et Neuve-Richelieu, dépense qui a été payée.

1. Second département.

3° Qu'il n'avoit alors que huit boursiers, et qu'il y en a actuellement quatorze.

5° Que ces boursiers sont à la nomination de l'archidiacre du grand et petit Caux, dans l'église de Rouen [1]; qu'ils doivent être pris de cet archidiaconé, s'il s'y trouve des sujets capables, sinon de tout l'archevéché de Rouen.

Du 1er septembre 1764.

Délibération de réunion du collége du Trésorier.

Messieurs les administrateurs spécialement chargés de ce qui concerne le collége du Trésorier, rendant compte dudit collége, ont dit : Messieurs, le collége du Trésorier, fondé en 1268, doit son origine à messire de Saânne, trésorier de l'église de Rouen. Pour faire son établissement, messire de Saânne acheta une maison sise au bas de la rue de la Harpe, appelée la maison de Samson Fortin, près de celle dite *ad Cytaram*; il y plaça une bibliothèque, y logea ses boursiers, et leur donna des statuts; cette première habitation a été vendue depuis moyennant 2 livres 10 sols de rente foncière et 3 sols 6 deniers de cens, emportant lods et ventes; c'est ce qui forme aujourd'hui le fief de Samson Fortin, dont relèvent et dépendent deux maisons; sçavoir, celle dont nous parlons et celle dite *ad Cytaram*. On ne sçavoit pas précisément la date de cette vente. En 1273, le fondateur acheta une nouvelle maison, qui est dite donnant sur la rue Saint-

1. Le seigneur du fief de la Poterie-au-Busc (qui est actuellement à M. de Belbeuf, procureur général du parlement de Rouén) a cependant le droit de présenter à une bourse; et quant à cette bourse, les nominateurs ne sont que collateurs. Ce qui est étonnant à ce sujet, c'est que l'on n'a trouvé dans les archives du collége du Trésorier aucuns titres ni aucuns renseignemens sur ce droit du seigneur du fief de la Poterie-au-Busc; on les lui a même demandés plusieurs fois pour les déposer aux archives, mais on n'a reçu aucunes réponses. Ce qui est constant, c'est qu'en 1763 il jouissait de ce droit, et qu'il continue d'en jouir.

Cosme et Saint-Damien, c'est aujourd'hui le haut de la rue de la Harpe, au coin de la rue des Poirées, donnant sur la rue des Maçons, et en face du collége de Cluny; c'étoit là où il vouloit placer définitivement son collége, n'ayant jamais regardé la première maison comme devant être le centre de son établissement. Cependant les boursiers du Trésorier, qui, par acte de l'année 1279, avoient été mis en possession de l'une et de l'autre maison, échangèrent cette dernière avec messire Robert Mallet, archidiacre de l'église de Rouen, qui donna en échange 12 livres de rente, à prendre au village d'Aumenache, diocèse d'Evreux ; cet acte d'échange est du 2 juillet 1285. Robert Mallet, propriétaire, composa avec le sieur de Villeperon pour 6 deniers de cens dont cette maison étoit chargée, et moyennant 50 livres qu'il paya, il fit le rachat des cens et rentes, fit ériger sa maison en fief, avec tout droit de justice et seigneurie. La même année le sieur Mallet fit un nouvel échange avec le collége du Trésorier, il reprit sa rente de 12 livres, et leur rendit leur maison tout amortie. De là l'origine du fief du Trésorier, qui ne s'étendoit alors que sur la maison dont l'enceinte circonscrite formoit le collége, et qui se trouve s'étendre aujourd'hui sur cinq maisons extérieures; on en va voir les raisons dans un instant. Le 15 juillet 1321, le collége acheta, des héritiers d'Ernay, une maison tenant à son terrein et donnant sur la rue des Maçons; le 23 février 1489, nouvelle acquisition par le collége, d'une grange tombant en ruine, située rue des Maçons; enfin, le 11 mai 1507, les chartreux cedèrent au collége la maison de la Souche, qui s'étendoit depuis la rue de la Harpe jusqu'à la rue des Maçons. Le collége se trouvoit donc alors posséder un vaste terrein terminé par la rue des Maçons, la rue des Poirées, le collége de Cluny, et enfin la rue de la Harpe, toutes ces maisons se tenoient, à la réserve d'un petit terrein en face du collége d'Harcourt, donnant sur la rue de la Harpe seulement, qui séparoit cette possession.

Ce petit terrein n'a été acquis du collége d'Harcourt, à qui il appartenoit, que le 11 mai 1639. En 1638, le cardinal de

Richelieu, qui vouloit donner un nouveau relief à la Sorbonne, fit ordonner par un arrêt du conseil, que pour la décoration de la ville, il seroit ouvert, en face du portail de l'église une grande rue jusqu'à la rue de la Harpe. Cette rue passoit précisément à travers les terreins du collége, et le partageoit en deux. On offrit aux boursiers du Trésorier une indemnité de 19 000 livres; ils la refusèrent; mais, après une protestation, ils furent obligés de prendre cette somme, et de se contenter pour toute indemnité du don que leur faisoit le Roi d'une partie du terrein de la rue aux Poirées, devenu inutile au moyen du percement de la nouvelle rue; on obligea de plus le collége du Trésorier à bâtir des deux côtés de cette rue des maisons garnies de boutiques. Il avoit emprunté, pour faire ces bâtimens, près de 180 000 livres. Il comptoit sur la générosité du cardinal de Richelieu pour se libérer de ces emprunts. Le cardinal promit beaucoup et ne donna rien, et le collége se trouva forcé, pour se libérer, de vendre les cinq maisons qu'il venoit de bâtir sur la face de la nouvelle rue de Richelieu, du côté du collége de Cluny. Sur ces cinq maisons, il retint un cens important lods et ventes envers le fief du Trésorier; par-là le collége du Trésorier se trouva réduit à un terrein terminé par la rue des Maçons, la nouvelle rue, et la rue de la Harpe; c'est ce qui forme aujourd'hui l'enceinte du collége et des maisons qui l'environnent.... Le fondateur n'a imposé aucune charge à ses boursiers; il désire qu'il y ait douze boursiers théologiens; *si bonorum facultas* et *tempora sic esse permiserint;* il veut que l'on y joigne douze artiens; *si aliquando esse possint;* il veut qu'ils soient choisis dans le grand et petit Caux, si on en trouve de capables, sinon de tout le diocèse de Rouen. Les archidiacres de grand et petit Caux sont collateurs et ils nomment aux bourses alternativement; ils ont le droit d'entendre et de clore les comptes, droit dans lequel ils ont été confirmés par arrêt de l'année 1679. Cependant, depuis un tems infini, le marquis de Belbeuf est dans l'usage de présenter un boursier, que l'on nomme *boursier de Belbeuf;* et alors les deux archidiacres se réunissent pour la collation.

Le titre de fondation nomme l'archidiacre de Rouen *deffensorem et rectorem perpetuum.*

Sur quoi, vu l'acte de fondation du mois de novembre 1268, l'arrêt du Parlement de l'année 1679, le bureau délibérant a arrêté....

4° Qu'à compter du premier octobre prochain, aux huit boursiers actuellement existans, il sera ajouté deux autres, choisis pareillement dans le grand et petit Caux, et au défaut de sujets capables de ces deux cantons, dans tout le diocèse de Rouen....

9° Qu'il sera accordé au principal du collége du Trésorier une pension de 2200 livres sans aucune retenue et qui courra à compter du premier octobre prochain, à la charge par lui de laisser son logement libre pour le terme de la Saint-Remi de la présente année.

10° Que les revenus dudit collége venant à augmenter, par la cessation de la pension du principal ou autrement, il sera établi de nouvelles bourses, conformément à ce qui sera délibéré par le bureau [1].

11° Que toutes lesdites bourses continueront d'être à la nomination des collateurs nommés dans les titres de fondation....

14° Que le mobilier dudit collége, estimé par des gens à ce connaissans, à la somme de 1,500 livres, sera et appartiendra au collége de Louis-le-Grand, à la charge de tenir compte audit collége des Trésoriers de la dite somme de 1,500 livres.

Nota. — Cette délibération a été homologuée par arrêt du 7 septembre 1764, et déposée aux archives en vertu d'une autre délibération du 12 des mêmes mois et an.

1. C'est ce qui a été fait par les délibérations des 8 avril 1777 et 17 décembre 1778, qui établissent chacune deux nouveaux boursiers, et ce, quoique la pension du principal ne soit pas éteinte.

Noms des fondateurs et bienfaiteurs du collége du Trésorier.

1. Guillaume de Saânne, prêtre, trésorier de l'église de Rouen, et fondateur du collége, 1268.
2. Robert Liot, vers la fin du treizième siècle.
3. Pierre Voisin, au commencement du quatorzième siècle.
5. Jean Baret, au commencement du quatorzième siècle.
5. Yves Godescar, vers 1320.
6. Richard de Menville, vers 1330.
7. André Margueritte, vers 1370.
8. Nicolas Durescu, prêtre et curé de la paroisse Saint-Vaast de Sainneville, 1398.
9. Jean Loyer, dans le quatorzième siècle.
10. Jean Lepetit, dans le quatorzième siècle.
11. Pierre Viart, 1410.
12. Jean le Sueur, prêtre et procureur du collége, 1491.
13. Jean Aubery, prêtre et procureur du collége, 1516.
14. Jean le Rat, 1525.
15. Artus Daunay, prêtre, archidiacre du petit Caux en l'église de Rouen, 1533.
16. Jean Denis, prêtre, docteur-régent en théologie et proviseur du collége, 1542.
17. Martin Tabellot, prêtre, docteur-régent en théologie, et proviseur du collége, 1559.
18. Guillaume Collet, prêtre, docteur-régent en la faculté de théologie, et boursier du collége, 1574.
19. Robert de Montagne, prêtre, licencié en théologie, 1578.
20. Pierre Auvray, boursier du collége, 1588.
21. Jean de Rouen, prêtre, docteur et aumônier du Roi, 1596.
22. Antoine Galliot, prêtre et principal du collége, 1682.
23. Pierre Desmanes, boursier du collége, 1688.

FIN DU COLLÉGE DU TRÉSORIER.

L'imprimé reproduit ci-dessus a été envoyé en 1781 à M. le marquis de Belbeuf, procureur général du Parlement de Rouen, comme ayant droit de présentation à l'une des bourses du collége du Trésorier, comme seigneur du fief de la Poterie-au-Busc.

APPENDICE P.

LETTRE ADRESSÉE A M. DEL'AVERDY.

Paris, 9 janvier 1784.

Monsieur,

M. le président Rolland m'a fait passer, il y a quelque temps, un mémoire concernant le droit qui appartient à M. le marquis de Belbeuf, procureur général du Parlement de Rouen, de nommer, en sa qualité de seigneur du fief de la Poterie-au-Busc, à une des bourses du collége du Trésorier, l'un de ceux réunis à celui de Louis-le-Grand. Le droit de nomination est constant et reconnu de temps immémorial; cependant il n'existe dans les archives du collége aucun acte qui le prouve et on n'y trouve même aucun renseignement à cet égard.

Il est dit dans le mémoire qui m'a été envoyé par M. le président Rolland, que les seigneurs de la Heuse, de Beaumont et de la Poterie-au-Busc donnèrent une grande somme d'argent au collége du Trésorier, pour la fondation d'une bourse pour un écolier originaire du pays de Caux, et qu'ils y ajoutèrent une ferme de trente-cinq acres de terre, située dans le hameau du Busc, paroisses de Louvetot et de Beuseville, mais cet acte de donation n'existe point dans les archives du collége, et il n'en est pas fait mention dans l'acte de fondation du collége, par Guillaume de Saâune, trésorier de l'église cathédrale de Rouen, qui, comme l'annonce le mémoire, est du mois de novembre 1268 ; il est seulement rapporté dans les lettres d'amortissement obtenues par ledit Guillaume de Saânne du roi saint Louis, au mois d'août 1269, des biens qui formèrent la dotation de son collége, que ces biens consistaient, entre autres choses, en dix-sept livres tournois de revenu en terres, hommes et services, à Ogerville, le Busc, et Beaumont, mais il n'y est point dit si ces biens avaient été donnés par les seigneurs du Busc et de Beaumont.

Le mémoire fait mention de deux actes des années 1373 et 1468, étant au chartrier de M. de Belbeuf qui prouvent et confirment le droit de nomination qui lui appartient; il serait très-intéressant pour M. de Belbeuf même et pour ses successeurs que des expéditions ou copies collationnées en bonne forme de ces actes, ainsi que de tous autres qui pourront se trouver dans son chartrier, relatifs à son droit, et surtout de l'acte originaire de cette fondation, s'il y existe, fussent déposées dans les archives afin que ce droit soit dans tous les temps à l'abri de toute atteinte. Sur l'observation que j'en ai faite à M. le président Rolland, il m'a dit de m'adresser à vous, monsieur, pour cet effet; je ne doute pas, monsieur, que vous ne reconnaissiez la nécessité de ce dépôt, et j'espère que vous voudrez bien me procurer les actes que j'ai l'honneur de vous demander.

Je suis, avec un profond respect,

Monsieur,

Votre très-humble et très-obéissant serviteur,

REBOUL,

Archiviste du collége de Louis-le-Grand.

FIN.

ERRATA.

Page 10, ligne 13, *au lieu de*: dont ils sont dollus, *lire:* dont ils *se* sont dollus.

Page 36, ligne 20, *au lieu de*: reddituum et domuum, *lire:* reddituum et domum.

Page 36, ligne 23, *lire:* dictis scolaribus, redditus antedictos.

PARIS. — IMPRIMERIE DE CH. LAHURE ET Cie
Rues de Fleurus, 9, et de l'Ouest, 21

www.ingramcontent.com/pod-product-compliance
Ingram Content Group UK Ltd.
Pitfield, Milton Keynes, MK11 3LW, UK
UKHW021110290826
14628UKWH00014B/1561

9 782016 129647